滿滿的趣味插圖+有用的美味小知識
＝輕鬆解讀壽司相關用語

圖解 壽司辭典

すし語辞典

新庄綾子 著　藤原昌高 監修　葉韋利 譯

前言

　　壽司，是多數日本人都非常喜愛的食物。

　　現在連其他國家都能感受到壽司的魅力，也普遍被視為日本飲食「和食」的代表。但各位知道嗎？壽司竟然不是源自日本。

　　眾人熟悉的壽司，其實還有很多令人意外的歷史與背景，本書將搭配大量插圖與照片，介紹包括壽司魚料、海鮮季節食材等必備的基礎知識，還有許多壽司師傅如何讓魚料更美味的巧思等，熟知各類小知識之後，想必每一貫壽司品嚐起來更有好滋味。

　　近年來，隨著社群網路等資訊管道普及，在家中也能一窺高級餐廳端出來的壽司。

　　然而，應該還是有許多人心想，「還真想親自到餐廳吃吃看，但感覺門檻很高，好難跨出那一步⋯⋯」。

　　另外，可能有人就算上過這類餐廳，卻覺得「想跟師傅多聊一點，又找不到話題⋯⋯」。

　　希望這些人讀過本書之後，更能感受到壽司的迷人之處，有所獲益。

新庄綾子

本書的使用方法

本書網羅了壽司魚料、食材、調味料、
工具、衛生相關事項、人物、文化、歷史等各個領域的用語，
並以日文50音的順序排列。

1
標題
標示與壽司相關的
各個用語，以及日
文原文。

2
小資料
日 標準日文名稱
別 別名
英 英文名稱
產 季節

3
解說
列出標題用語的意
義、由來及說明。

4
插圖・照片
搭配與標題用語或解說相關
的插圖、照片。

5
類別
統整與標題相關的詞彙。

6
相關詞
與標題相關的用語，會標出在其他頁
面上的詞彙以及頁碼。搭配標題一起
閱讀，會更容易理解，還能看出彼此
的相關性。

7
索引
標示出方便找到標題的文
字與圖示。

了解喜愛的 壽司食材

翻找經常吃的壽司食材標題，閱讀解說。能夠知道名稱由來、美味的食用方式、知名產地、產期以及意想不到的冷知識，獲得這些資訊之後享受起壽司將更添風味。

3 種閱讀本書 的方式

了解好奇的 相關詞彙

在壽司餐廳、食材店家、書籍、日常閒聊、社群網路等各個場景下聽到過的詞彙，感覺好奇想進一步了解的「壽司語」，都可以在這本書裡找找看。

帶著上壽司餐廳

無論是到家附近的小店、迴轉壽司店或是高級餐廳等專賣壽司的店家時，把這本書放在包包裡隨身攜帶。在餐廳裡看看菜單，遇到想多了解的壽司食材時拿出本書翻閱，一定能找到想新嘗試的食材。此外，了解專業師傅使用的詞彙，還有店內的工具等跟壽司餐廳有關的資訊，到店內用餐時會更有樂趣。非常推薦和家人、朋友、伴侶等用餐時，一起閱讀本書。

這裡簡單列舉三種閱讀本書的方式，但除此之外還有很多不同的使用方式，就請各位讀者自行發掘屬於自己的樂趣。

本書內容資訊更新至 2019 年 7 月，關於商品、服務、店家、設施、團體等營業方式或內容若有變更、中止，敬請包涵。

目錄

用語篇

基礎知識篇

壽司的歷史

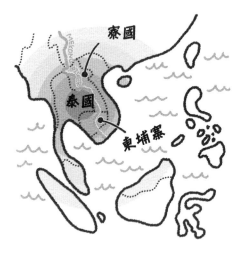

東南亞種植稻米的地區在西元前就出現了「熟壽司*」的前身，並和魚露一起流傳到鄰近區域。

各地對於熟壽司的稱呼。
中國：鮓、鮨
泰國：Plaa-som
寮國：Som Pa
東埔寨：phaak

* 譯註：將熟米飯塞入去骨的魚腹，經過發酵而成的逸品。

待會兒就可以吃嘍～

起初很可能是出於偶然的產物

中國

起因是在水田裡的小渠道抓到了魚，將之跟煮好的飯拌在一起會產生乳酸發酵，經此手續製作而成的食物可以長期保存。

熟壽司很可能是在西元前4～3世紀，和稻作一起從中國傳到日本，到了7～8世紀已遍布日本全國。

是用來配飯的

當時的熟壽司，因為用來發酵的飯粒會變得黏黏的，吃的時候會把飯粒弄掉。也就是說，不是當作主食而是像醃漬物、醬菜那樣來配飯的。

海鮮類會使用鮑魚、香魚、鯽魚、貽貝、竹筴魚、鯛魚、沙丁魚、青花魚、鮭魚等，種類繁多。此外，現在也會用鹿、山豬等肉類來製作。

我們不可以吃

西元538年忌殺生食肉的佛教傳入日本，西元675（天武4）年，天武天皇下達了禁肉令，禁止食用牛、馬、狗、猴、雞等肉類，就此奠定日本人以魚為主的飲食基礎。

雖然不得食用飼養為家畜的牛，但還是可以吃獵捕來的鹿、雉等動物。

決定了！
既然口味是酸的，
叫「sushi*」。

日本在平安時代開始將「鮓」和「鮨」稱為「スシ」（讀音為「sushi」，當時漢字寫作「酒志」或「須之」）。

* 譯註：與日文裡的醋讀音「su」相近吧！

13

鐮倉到室町時代，出現了縮短發酵時間，可以盡快食用的生熟壽司。

熟壽司非常寶貴，可以當作稅金和贈禮。根據紀錄，目前仍在吉野營業的老字號「釣瓶鮨彌助」（つるべすし弥助）自西元1600年左右長達270年的時間都在京都仙洞御所獻上香魚壽司。

到了17世紀，為了想要更快吃到，用醋作為酸味來源的「早壽司」（使用醋來增添酸味）誕生。

因為留有米飯顆粒，熟壽司的定位不再是配菜而成為主食。

豐臣秀吉出兵朝鮮（1592年～）時收到鯽魚壽司，而在德川家康1603年開設幕府時，家康與秀忠則是收贈香魚壽司。

不過，醋的用法各家不同，有的是用醋泡魚，也有人在飯裡加醋。

x

壽司的歷史

14

18世紀末，用醋製作的早壽司成為常態。最初的形式都是塞在盒子裡的箱壽司，或是押壽司。

兩國的華屋與兵衛發明了江戶前握壽司，比現今的握壽司大上2～3倍。因為魚料經過醃漬，吃的時候不用沾醬油，可以事先做好來保存。

握壽司一開始受到大眾歡迎時，使用的是米醋。之後愛知的釀酒業者中野家的養子中野又左衛門發明了粕醋（紅醋），還推銷到江戶。

鮮味豐富的粕醋，很適合搭配握壽司，廣受好評，和握壽司一起迅速獲得大眾的喜愛。

在迅速發展的江戶街區，聚集了很多想找工作的單身男子，賣蕎麥麵、天婦羅這些食物的外食產業也跟著蓬勃發展。

壽司外送

壽司攤（立食）

在江戶地區，握壽司廣受消費者喜愛，有各種不同的銷售型態，像是提著稱為「岡持」的箱子四處外送，或是擺攤，甚至開設稱為「內店」的壽司餐廳等，形形色色。不過，這時尚未普及日本全國，所謂江戶前壽司指的是東京鄉土壽司。至於日本全國性的則有前面提過的生熟壽司這類熟壽司，以及押壽司、箱壽司等各地的鄉土壽司。

內店

馬上來～

花枝！

明治時代中葉，原先以路邊攤為主的壽司店會在內店裡設置吧台，也就是現在無座位的立食型態。

明治末年冰櫃逐漸普及，可用來保存生鮮魚類，使做為壽司魚料的種類也變得豐富。為了簡化作業，開始有店家不預先調味魚料，而是在吃的時候沾醬油，這個時期是以外送為主流。

第一次中日戰爭與日俄戰爭之後，透過殖民地，日本的壽司也普及到中國滿州及韓國，韓國後來還出現了韓式海苔飯卷。

1923年發生了關東大地震，受災的壽司師傅離開東京，移居日本各地，江戶前握壽司因此普及到全國。所以提到壽司，就讓人自然想到江戶前。

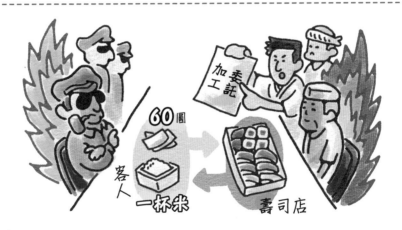

第二次世界大戰後因為糧食管制以及飲食營業緊急措置令[*1]，許多壽司餐廳都開不下去而歇業。東京都鮨商組合[*2]與東京都、駐日盟軍總司令（General Headquarters，GHQ）商討交涉後，訂立出委託加工制度。具體內容是顧客拿來配給的一杯米，由壽司店加工製作成十貫壽司的服務。由於全國都建立起相同的制度，後來一人份十貫壽司幾乎就成了現代江戶前壽司的慣例。

*1 緊急狀態下針對餐飲業營業的相關規範。
*2 類似東京都壽司工會。

在戰後糧食缺乏的年代，魚料的種類也變少，開始出現有些店家會用同一種魚料供應兩貫握壽司。另外，漸漸看不到使用紅醋的醋飯，改用米醋。

在經濟高度成長期，大眾逐漸習慣於社交場合招待賓客吃壽司或邊喝酒邊吃壽司。因此，能同時享用握壽司及下酒菜的高級壽司餐廳也愈來愈多。

1958年，因為從啤酒工廠輸送帶獲得靈感，大阪出現了第一間迴轉壽司餐廳。1970年，由於大阪世界博覽會裡的迴轉壽司店，讓迴轉壽司在日本全國一舉知名。

迴轉壽司餐廳也不斷進化，像是出現了有包廂座位的店面、提供現點現做服務，以及採取鮮度管理的系統等。在不景氣的時代，店內每盤一百圓的迴轉壽司廣受歡迎，但之後還是講究口味的餐廳業績成長。

跟我以前吃到的壽司味道完全不一樣!!

明治末年，壽司開始進軍海外。一開始的顧客是以居住在當地的日本人為主，但1960年之後，和食逐漸打開知名度，在世界各地都出現充滿創意的壽司類型。2008年，壽司餐廳首次登上了米其林指南，2014年接待美國總統歐巴馬訪日也是在壽司餐廳，壽司從此成為日本食物的代表。光顧壽司餐廳成了赴日觀光時的重點行程之一，許多遊客對於吃到跟自己國內不同口味的壽司都大為震驚。

使用紅醋的醋飯又復活了～

在日本國內，曾於名店學藝磨練的師傅們紛紛自立門戶，從食材進貨、處理、熟成等，各個環節都很講究的高級餐廳一間間誕生。此刻正式結合傳統與嶄新技術，進入能夠體驗到奢華美味壽司的新時代。

壽司師傅的一天

來看看壽司師傅的一天。
每位壽司師傅會因為餐廳規模、與批發魚市的距離，
以及午餐時段是否營業等各個因素造成一天行程的差異，
這裡介紹其中一個例子。

06:00

開車到批發魚市，從6:30開始花上大約1小時採買（到熟悉的攤位上挑選魚貨，也有人不親自挑選直接訂購）。

07:30

在批發魚市迅速吃完早餐，回到餐廳（有的不用自己運送，可以請中盤商安排配送）。

08:30

處理魚貨，像是將鯛魚去骨後切成三片、鰈魚去骨後切成五片、白肉魚當天泡水去腥之後卷起來保存到之後使用。花枝、青花魚、星鰻、竹筴魚、小鯽魚、沙梭這些海鮮要趁中午前還新鮮的時候全部去除內臟、整理好。接著再用醋醃漬青花魚、小鯽魚、沙梭，還要紅燒星鰻。

倒茶迅速……

11:30

午餐時段，製作固定的高級或特級午間套餐與散壽司。因為上午很忙，午餐只提供幾種菜色。由於使用同樣魚料捏出數貫壽司比較有效率，點無菜單套餐時出餐的順序會不一樣。

14:00

午餐時段結束，稍事整理。

14:30

吃員工餐，菜色多半是用魚料剩下的
邊邊角角做成的海苔卷。

15:30

下午備料，煎厚蛋卷、製作醋飯。備
料的同時製作當日小菜，紅燒花枝、
嫩燉章魚，還要製作醃薑片、昆布醃
魚、醋蛋黃、魚蝦鬆等。如果有預約
外帶的訂單，要事先準備。要是還有
空閒的時間，徒弟就用豆渣來練習捏
壽司的手法（師傅休息），提供外送
的店家在這個時段還要回收壽司桶。

17:00

晚餐時段開始，有別於午餐時段，可以放
慢步調，捏壽司時邊和顧客聊天。

23:00

晚餐時段結束。

23:30

打掃之後準備打烊，吃個炸蝦飯糰或
是員工餐，公休日的前一天能使用剩
下的魚料練習壽司捏製的技巧。

壽司工具圖鑑

介紹製作壽司時必備的基本工具。

去鱗刀	魚刺夾
（p.89）	（p.90）

出刃刀	小出刃刀	柳刃刀	磨刀石
（p.173）	（p.172）	（p.173）	（p.148）

魚料盒	蛋卷煎鍋（kera鍋）	開殼刀	鰻魚釘
		象拔蛙用 刀鍔設計	
（p.157）	（p.88）	（p.71）	（p.187）

漂白棉布	砧板	飯鍋	飯切
（p.104）	（p.181）	（p.119）	（p.165）

宮島	飯桶	捲簾	毛刷
（p.185）	（p.62）	（p.178）	（p.160）

盛盤筷	磨泥板	鯊魚皮磨板	木屐壽司盤
（p.189）	（p.66）	（p.103）	（p.88）

圖解 壽司餐廳裡長這樣！

布簾後方也是廚房，在裡頭的徒弟會看時機準備茶碗蒸或湯品。

如果是也讓徒弟捏壽司的店家，大弟子會一起站到吧台。除了捏製顧客點的壽司，還會幫忙準備外帶用的壽司盒。

店裡不一定有菜單，即使有，也只會列上一些經典菜色。有哪些魚材或酒水，直接問店家最快。

手邊有幾個小容器，裝著手醋*、山葵、柑橘、各種鹽、醬汁等，隨時可取用。

* 譯註：用來沾手的醋水，避免捏壽司時飯粒黏手。

吧台與師傅之間較高的台子，稱為「餐台」。

看著魚料盒想著要吃什麼，這也是在壽司餐廳用餐的一項特殊體驗。這幾年來有些店家不使用玻璃魚料盒，改成鋪滿冰塊的木質魚料盒子，或是吧台裡什麼都不放，而將木質魚料盒放在冰箱，有些餐廳則在師傅身後放置一座特別訂製的冰箱。

※一般來說，玻璃魚料與冰箱不會一起使用，但在這幅插畫裡為了方便說明，兩者都畫出來。

一人份的餐桌擺設在營業前就會整齊排放在桌上，如果有杯墊，記得把玻璃杯放在杯墊上，才不會讓水在木質桌面上留下水漬。

魚料的基本處理方式

1

在批發魚市採購新鮮魚貨，並在充分冷藏的狀態下運到店內。

鯛魚很漂亮哦！

多虧你的照顧

這尾我要了！

刮去鱗片 & 清洗

去除內臟

2

用冷水清洗後刮除魚鱗，去掉魚頭和內臟之後，將骨頭周圍清理乾淨，再用漂白棉布擦乾。

3

切成三片，若是要用昆布或醋醃漬的話，前面的步驟也都是一樣的。

IN

4

使用經木[*]或防水紙等具有保鮮魚肉功能的材料包好魚肉，放進冰箱。根據魚料的種類，保存熟成到使用的時候。

[*] 譯註：薄木片

腹骨

血合骨

5

尾腹骨，以及血合骨*。血合骨因魚種不同，使用魚刺夾（p.89）拔除。

* 譯註：魚骨周圍血液集中色澤較深的部位。

抓起魚皮

去除魚皮

完成

6

去皮，將柳刃刀從魚尾一端插入魚皮與魚肉之間，用刀刃貼著砧板同時朝魚頭一端去皮（內引）。有時候也會不去皮，採用「皮霜」（p.78）的做法。處理到這個步驟之後，就可以放進魚料盒，有些魚料也會保留魚皮放進魚料盒。

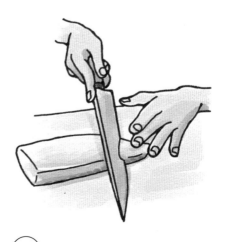

7

根據顧客餐點從整塊魚肉切出需要的份量，人數較多時會預先切好。

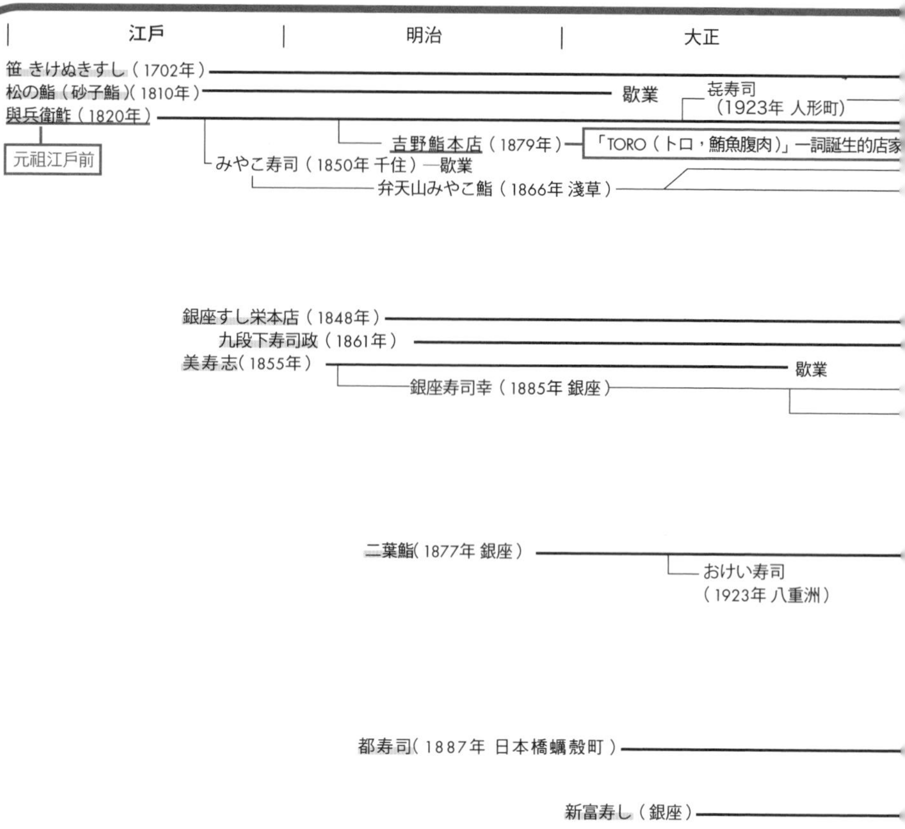

笹 きけぬきすし（1702年）

松の鮨（砂子鮨）(1810年)　　　　　　　　　　　　　歇業　　 㐂寿司
　　　　　　　　　　　　　　　　　　　　　　　　　　　　　（1923年 人形町）

與兵衛鮓（1820年）

　　　元祖江戶前

　　　　　　　　吉野鮨本店（1879年）　「TORO（トロ，鮪魚腹肉）」一詞誕生的店家

　　　みやこ寿司（1850年 千住）—歇業

　　　　　　　弁天山みやこ鮨（1866年 淺草）

銀座すし栄本店（1848年）

九段下寿司政（1861年）

美寿志（1855年）　　　　　　　　　　　　　　　　　　　歇業

　　　　　　銀座寿司幸（1885年 銀座）

二葉鮨（1877年 銀座）

　　　　　　　おけい寿司
　　　　　　　（1923年 八重洲）

都寿司（1887年 日本橋蠣殼町）

新富寿し（銀座）

江戶前壽司的譜系

這裡介紹的是具代表性的江戶前壽司，以及衍生出的一部分店家。因為也有這個體系之外的系統，這裡列出的僅供參考。

★為米其林指南中2019年公布的星星數，
☆則代表入選米其林必比登推薦。

歡業

至今仍秉持所有魚料都以傳統手法處理

弁天山美家古寿司（浅草）

美家古鮨本店（柳橋）

鮨一心★（湯島）

鶴八（神保町）

鮨わたなべ（2013年 銀座）

新橋鶴八（1983年 新橋）── 歡業

新橋しみづ（1999年 新橋）

鮨竹（銀座） 鮨まつもと★（京都） 鮨ほしやま★（大阪）

歡業

久兵衛（1935年 銀座）

久いち（淺草） すし椿（銀座） 鮨一（銀座） 鮨おちあい（銀座）みつ川★（金澤）

兼定（六本木） すし家一柳★（銀座）拓★（西麻布）寿し処寿々（赤坂）すし柿崎（人形町）

すし與兵衛（西大島）鮨かねさか★（銀座）鮨竜介（銀座）秋月（神泉） 鮨かねみつ（銀座）

發明軍艦卷

鮨さいとう（六本木）★★★

鮨こじま★（銀座） いわ★（銀座） すし家（銀座）

鮨西むら（2015年 六本木）

なか田（1950年 銀座）── 歡業

さわ田★★（銀座） 鮨きよ本（2008年 銀座）

銀座鮨青木（1986年 銀座） 奈可久（六本木）

鮨割烹なか（京都） 鮨さゝ木（1988年 銀座）

きよ田（1950年代 銀座）── 歡業 發明鮪魚泥卷

麻布山路（麻布十番）

鮨おばな（鮨尾花） 日本橋蛎殻町すぎた（日本橋蠣殻町）

（館林） 鮨はしもと（新富町）

歡業

銀座鮨み富（銀座）

銀座寿司仙（1934年）

京橋与志乃（京橋） 鮨与志乃☆（中野坂上）

すきやばし次郎★★★（1965年 銀座）

青空★★（2006年 銀座）

鮨ます田★★（2014年 青山）

鮨松波（駒形）

鮨水谷（新橋）── 閉店

小笹寿し（1950年 銀座）

銀座すし屋の勘八（1953年）

打造出以下酒
小菜為主的風格

磯勘（1970年 明大前） 芳勘（1977年 學藝大學） まつ勘（1978年 麻布十番）

司いずみ（1975年 目黒） 勘六（濱田山） 華八（大山） 花勘（花茶屋）

大阪日本橋福喜鮨（1910年）

すし匠（1989年 四谷）

開始出現握壽司與下酒
菜輪流出菜的套餐

すし匠齋藤（赤坂）

すし岩澤★（不動前）一番町てる也（半藏門）

すし匠まさ（西麻布）

すし岩瀬（新宿） あま木（天木）（名古屋）

すし浅尾（月島）

すし久遠（西原）

匠達広（新宿御苑）

鮓村瀬（六本木） 鮨ばんど（新宿御苑前）

すし匠（秋田） 匠進吾（青山） 鮨あらい（銀座）★

匠すし昂（表参道） 匠鮨おわな（恵比壽） 匠誠（新宿）

鮪魚解剖圖鑑

魚市裡販賣的鮪魚是由中盤商負責切割處理。
一開始先從「下巴」的部位切掉頭部和魚鰭，
然後用鮪魚刀將一側切出腹肉、背肉各兩塊，也就是一共四大塊加上中骨。
接下來再根據顧客下單來切塊（p.96）。

雖然筋和血合肉較多，但魚肉的
滋味比較濃郁。當季捕獲體型較
大者，或是養殖的鮪魚，就可以
切出稱為「背脂肉」（背卜
ロ）的中腹肉。

前背部

腦天

頰肉

下巴　下巴
　　　脂肉

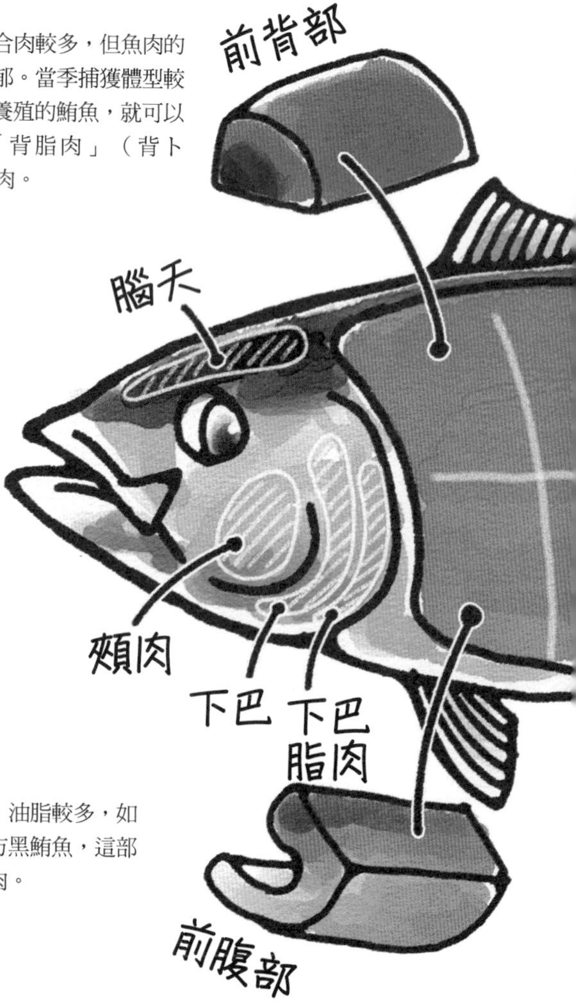

包覆內臟的部分，油脂較多，如
果是黑鮪魚或南方黑鮪魚，這部
分就能切出大腹肉。

前腹部

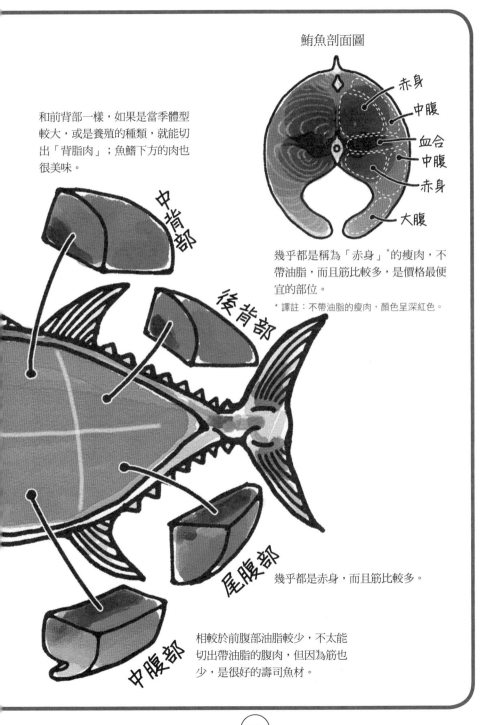

和前背部一樣，如果是當季體型較大，或是養殖的種類，就能切出「背脂肉」；魚鰭下方的肉也很美味。

鮪魚剖面圖

赤身
中腹
血合
中腹
赤身
大腹

幾乎都是稱為「赤身」*的瘦肉，不帶油脂，而且筋比較多，是價格最便宜的部位。

*譯註：不帶油脂的瘦肉，顏色呈深紅色。

中背部

後背部

尾腹部

幾乎都是赤身，而且筋比較多。

中腹部

相較於前腹部油脂較少，不太能切出帶油脂的腹肉，但因為筋也少，是很好的壽司魚材。

滋賀
元祖鱒壽司
販賣車站：
JR東海道本線、米原站
使用滋賀縣產的近江米。

岐阜
**飛驒牛
烤牛肉壽司**
販賣車站：
JR高山本線、高山站
同時有飛驒牛烤牛肉以及薑絲燒
牛肉（時雨煮）兩種主菜。

鳥取
元祖 蟹壽司
販賣車站：
JR山陰本線、鳥取站
百貨公司鐵道便當展等活
動中很受歡迎的熟面孔。

**飛魚押壽司
（あご寿し）**
販賣車站：
JR山陰本線、鳥取站

吾左衛門鮓
販賣車站：
JR山陰本線、米子站

愛媛
瀨戶押壽司
販賣車站：
JR予讚線、今治站
使用生長在來島海峽急流
中、肉質結實的鯛魚製作
成押壽司。透著鯛魚肉可
以看到下方還有紫蘇葉，
最下層則鋪著竹葉，每一
個小地方都非常精緻。

福岡
星鰻散壽司箱壽司
販賣車站：JR日豐本線、小倉站

從明治
時代開賣

富山
鱒魚壽司
販賣車站：
JR北陸本線、富山站

針魚　鮭魚　撥魚　金目鯛
　　　　　　　　　　　鰻魚
　　　　　　　　　　比目魚
　　　　　　　　　　黑喉
　　　　　　　　　小鯽魚
小鯛　煙燻　蝦　鹽漬鯡魚卵
　　　青鮒

石川
四季彩 箱壽司
販賣車站：
JR北陸本線、金澤站
因應不同食材使用包括醋漬、
燒烤、煙燻等不同調理方式。

福井
越前 蟹棒壽司
販賣車站：JR北陸本線、福井站

鯛之舞
販賣車站：JR北陸本線、敦賀站

兵庫
名代星鰻壽司
販賣車站：
JR山陽本線、姬路站
瀨戶內海口味濃郁的星鰻，
以及拌在壽司飯裡的香菇、
山椒籽，整體口味均衡，是
完美的鐵道便當。

石川　富
福井
兵庫　岐
鳥取
滋賀

福岡
愛媛
高知

高知
青花魚姿壽司
販賣車站：
JR土讚線、高知站

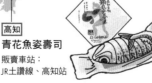

30

石狩鮨

販賣車站：
新千歲機場國內線航站

鱈場蟹壽司

販賣車站：
JR根室本線、
釧路站

北海道

花枝一夜乾　蝦

蝦鬆

小鯽魚　鰻魚

青森

新潟

新潟

鮮蝦千兩散壽司

販賣車站：JR信越本線、新潟站
最上方一整層的高湯煎蛋卷之上蓋滿蝦鬆，蛋
卷下面則是鰻魚、小鯽魚、蝦、花枝一夜乾，
再下面是醋漬昆布絲和壽司飯。

鮭魚壽司

販賣車站：JR信越本線、新津站

宮城

炙燒緣側壽司

販賣車站：
JR東北本線、仙台站

金華青花魚棒壽司

販賣車站：
JR東北本線、仙台站

宮城

群馬

岩魚鮨

販賣車站：
JR高崎線、高崎站

群馬

青森

八戶小唄壽司

販賣車站：JR東北新幹
線、八戶站
便當裡頭附了三味線琴撥
造型的小刮刀。

千葉

鮑魚散壽司

販賣車站：
JR外房線、安房鴨川站
以紅燒鮑魚當作魚料做成的散壽
司，另外還有海膽、干貝、蝦等
配料。

神奈川

千葉

神奈川

傳承竹筴魚押壽司

販賣車站：
JR東海道本線、
大船站

靜岡

靜岡

武士的竹筴魚壽司

販賣車站：
伊豆箱根鐵道、修善寺站
裝了各項當地名產的便當，包
括伊豆近海的竹筴魚、靜岡產
越光米、伊豆松崎的櫻葉、伊
豆天城的山葵等

＊這裡介紹的販賣車站僅
列出代表車站，有些便當
在好幾處車站都能買到。

全日本壽司
鐵道便當地圖

全日本壽司魚料地圖

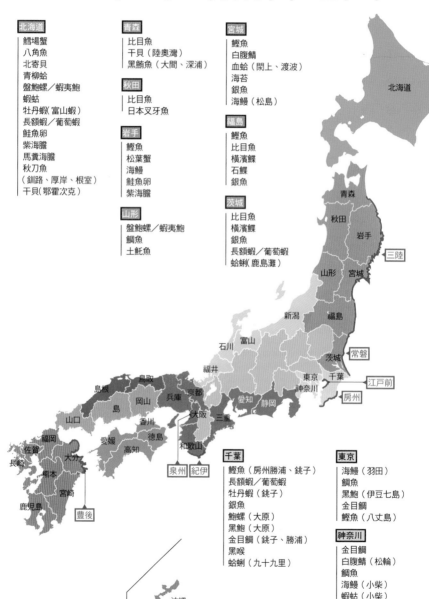

北海道
鱈場蟹
八角魚
北寄貝
青柳蛤
盤鮑螺／蝦夷鮑
蝦蛄
牡丹蝦(富山蝦)
長額蝦／葡萄蝦
鮭魚卵
紫海膽
馬糞海膽
秋刀魚
（釧路、厚岸、根室）
干貝(鄂霍次克)

青森
比目魚
干貝（陸奧灣）
黑鮪魚（大間、深浦）

秋田
比目魚
日本叉牙魚

岩手
鰹魚
松葉蟹
海鰻
鮭魚卵
紫海膽

山形
盤鮑螺／蝦夷鮑
鯛魚
土魠魚

宮城
鰹魚
白腹鯖
血蛤（閖上、渡波）
海苔
銀魚
海鰻（松島）

福島
鰹魚
比目魚
橫濱鰈
石鰈
銀魚

茨城
比目魚
橫濱鰈
銀魚
長額蝦／葡萄蝦
蛤蜊(鹿島灘)

北海道

青森
秋田
岩手
三陸
山形　宮城
新潟
福島
富山
石川　　　　　　常磐
福井　　　　　茨城
鳥取　　　京都　　東京　千葉　江戶前
島根　岡山　兵庫　　神奈川　房州
山口　　香川　大阪　三重
　福岡　愛媛　德島　和歌山
佐賀　大分　高知　泉州　紀伊
長崎　熊本
　宮崎
鹿兒島　豐後

沖繩

千葉
鰹魚（房州勝浦、銚子）
長額蝦／葡萄蝦
牡丹蝦（銚子）
銀魚
鮑螺（大原）
黑鮑（大原）
金目鯛（銚子、勝浦）
黑喉
蛤蜊（九十九里）

東京
海鰻（羽田）
鯛魚
黑鮑（伊豆七島）
金目鯛
鰹魚（八丈島）

神奈川
金目鯛
白腹鯖（松輪）
鯛魚
海鰻（小柴）
蝦蛄（小柴）

這張地圖標示著日本各地著名的海鮮食材。
有些漁港或是產地（包括三陸等傳統名稱）
已經成了一般代名詞，會一併標注。

愛知
青柳蛤（三河）
牛角蛤（三河）
鳥蛤（三河）
小鯽魚
海苔

靜岡
金目鯛（稻取）
鯛魚
黑鮑
小鯽魚（舞阪）
櫻花蝦

新潟
甜蝦
松葉蟹
魷魚
櫻鱒
青沙
東洋鱸

富山
青鮒（冰見）
玻璃蝦
櫻鱒
螢烏賊

福井
松葉蟹

石川
針魚
松葉蟹
紅肉旗魚
盤鮑螺／蝦夷鮑
黑喉

三重
蛤蜊（桑名）

京都
蛤蜊（丹後）
松葉蟹
透抽
軟絲
針魚
土魠魚

和歌山
白腹鯖
鰹魚

兵庫
鯛魚（明石）
日本竹筴魚（淡路）
海鰻（明石）
章魚（明石）
海苔
沙梭（瀨戶內）

大阪
沙丁魚
海鰻

鳥取
松葉蟹
鳥蛤
黑喉
日本叉牙魚

島根
松葉蟹
日本鳳螺
盤鮑螺／蝦夷鮑
軟絲
紅喉
蛤蜊（益田）
黃鯛
日本竹筴魚（濱田、大田）
海鰻

岡山
海鰻
蝦蛄
海苔

廣島
海鰻
海苔
長牡蠣

山口
虎河豚（下關）
血蛤
透抽
軟絲

德島
鯛魚

香川
血蛤
針魚
沙梭
花枝
唇瓣烏賊
牛角蛤（播磨灘）

愛媛
海鰻
血蛤（今治）
鰹魚（深浦）
白腹鯖（佐田岬）
日本竹筴魚（佐田岬）

高知
鰹魚
金目鯛

福岡
日本竹筴魚
白腹鯖

佐賀
透抽
日本象拔蚌
日本竹筴魚
小鯽魚（有明）

長崎
日本竹筴魚
海鰻（對馬）
白腹鯖（五島、對馬）
鮑魚類
青鮒（對馬）

大分
青沙
日本竹筴魚（佐賀關）
白腹鯖（佐賀關）

熊本
小鯽魚（天草）
章魚（天草）
花枝（天草）
紫海膽（天草）
鯛魚
日本象拔蚌

宮崎
蛤蜊
鰹魚

鹿兒島
鯽魚
鯛魚（內之浦）
日本竹筴魚（出水）

沖繩
黃鰭鮪
旗魚

壽司食材（魚介類）產期月曆

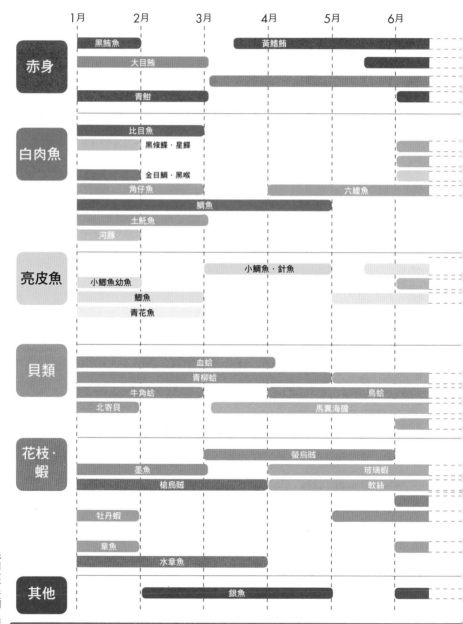

	1月	2月	3月	4月	5月	6月
赤身	黑鮪魚			黃鰭鮪		
		大目鮪				
	青魽					
白肉魚	比目魚					
	黑條鰈・星鰈					
	金目鯛・黑喉					
	角仔魚		六線魚			
	鯛魚					
	土魠魚					
	河豚					
亮皮魚	小鯛魚・針魚					
	小鯽魚幼魚					
	鯽魚					
	青花魚					
貝類	血蛤					
	青柳蛤					
	牛角蛤		鳥蛤			
	北寄貝		馬糞海膽			
花枝・蝦	螢烏賊					
	墨魚		玻璃蝦			
	槍烏賊		軟絲			
	牡丹蝦					
	章魚					
	水章魚					
其他	銀魚					

本表主要收集列出的都是出現季節較短，或是交替下容易吃到的海鮮。
如果能照著這張表從上到下點食同時期的產物，就能網羅每個時期最
新鮮時令的海鮮。

在市場
工作的人

到市場採購魚貨時，壽司業者會向中盤商購買。而中盤商向大盤商採購之後，會以零售業者方便使用的份量賣給零售商。以豐洲市場來說，目前海鮮大盤商有七間，中盤商則有大約五百間。

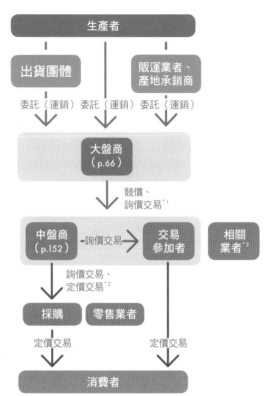

生產者

出貨團體

販運業者、產地承銷商

委託（運銷）　委託（運銷）　委託（運銷）

大盤商
（p.66）

競價、詢價交易[1]

中盤商
（p.152）
—詢價交易→
交易參加者

相關業者[3]

詢價交易、定價交易[2]

採購　零售業者

定價交易　　　定價交易

消費者

●注
※1：由賣家與買家交涉來決定價格、買賣的方式。
※2：賣家事先訂出銷售價格，針對不特定多數買家以預定價格銷售的方式。
※3：具備開業許可，在市場內從事食品、雜貨販賣、冷凍設備、餐飲等輔助市場功能各項業務的業者。

中盤商根據銷售的魚種分成很多類，像是專營鮪魚的大型魚類盤商；專賣活魚、貝類的「特種物」中盤商，以及承銷各種鮮魚的盤商。壽司店業者會到各個中盤商採買各種魚貨，中盤商是評鑑魚貨的專家，要是沒有中盤商的協助，就拿不到好的魚貨。

專營鮪魚業者

頂級大腹肉兩塊是嗎！

特種魚類：專營活魚業者

今天推薦這個！明石來的唷！

相關業者

冰塊是每天向製冰業者採購。

特種魚類：
去殼貝類、星鰻等壽司魚料的專業中盤商，也有專賣壽司魚料的盤商。

我賣去殼貝類有40年經驗嘍♪

我三兩下就能處理好一尾星鰻。

隸屬各中盤商，駕駛三輪搬運車運送購買貨物的人員。

早安～

冰產

＊嘩嗶嘩嗶嘩

10點之前會幫你送到～

各個中盤商的財務人員，也就是帳房。

來

感謝

10張左右的訂單也能同時處理完畢！

用語編

六線魚 _{あいなめ}鮎魚女

- 日 アイナメ
- 別 アブラメ、アブラコ、シジュウ
- 英 Fat greenling
- 産 3～7月

整尾魚看起來沒有很美味的感覺，但切成薄片帶著淡淡的粉色，就像櫻花花瓣。是白肉魚但帶有微微甜味與油脂，搭配鹽或是柑橘吃的話，更能感受到魚的鮮美。魚皮周圍特別鮮甜，可以留下魚皮用炙燒的方式調理。魚骨熬的湯風味優雅，在高級日本料亭會將魚片調味後拍上薄薄的葛粉或太白粉做成湯品。

石蓴 _{あおさ}石蓴

- 日 ヒトエグサ
- 英 Green laver

在淺灘上附著於岩石等處棲息的海藻，是壽司店味噌湯裡的經典配料。

青皮魚 _{あおざかな}青魚

食用魚裡「表皮呈青黑色」的魚種總稱，其中又指大批捕撈且價格相對便宜的魚種。這種魚表皮是青黑色，但腹部是白的，生活於海面附近的魚種經常有這樣的保護色，當鳥類從空中俯瞰，魚的背部與海水顏色近似，而大型魚類從海水下方往上看時，容易將牠腹部的白色當作陽光反射。青皮魚類一般指的有竹筴魚、沙丁魚、丁香魚、小鯽魚、飛魚、鯡魚、青花魚、秋刀魚等，鮪魚、鰹魚雖然背部也是青黑色，卻因為價位不同，一般並不會稱為青皮魚。

青柳蛤 _{あおやぎ}青柳

- 日 バカガイ
- 別 サクラガイ、ヒメガイ
- 英 Chinese mactra
- 産 1～4月

一般在壽司餐廳稱「アオヤギ」（青柳），但正式日文名稱是「バカガイ」（馬鹿貝）。青柳蛤最吸引人的地方就是嚼勁以及海水的香氣，一般常用貝足做握壽司，或是只使用貝柱做成軍艦卷。

相關詞 星（p.174）

辣蘿蔔泥 _{あか}赤おろし

- 別 紅葉蘿蔔泥

把一根用水泡開的紅辣椒插在白蘿蔔中央一起磨出來的蘿蔔泥，風味和白肉魚以及糖醋很搭，經常用來當作吃壽司時的佐料。

血蛤 _{あかがい}赤貝

- 日 アカガイ
- 別 ホンダマ、アカダマ、バクダン
- 英 Bloody clam 産 10～3月

每年2月，也就是產卵期前是最美味的時期。日本在晚春～夏季這段產卵期禁捕，但由於禁捕時間各地略有不同，是全年都能取得魚料。卵的外觀是鮮豔的橙紅色，卻因為含有毒素會導致腹瀉，必須很小心清除乾淨。血蛤的足部稱為「玉」，外膜則俗稱「裙邊」（p.71），除了足部，裙邊也可以捏好後用海苔帶卷起來做成軍艦卷，或是搭配小黃瓜和佐料做成裙邊小黃瓜卷（p.166）等，有多種不同的吃法。此外，紅燒內臟鹹鹹甜甜的口味也適合下酒。

赤身（紅肉）赤身

一般多指帶紅色的肉類，但講到壽司的話，說的就是鮪魚油脂較少的背肉。就算同樣是赤身，也會因為鮪魚種類不同而有口味上的差別，黃鰭鮪帶點酸味，清爽好入口；黑鮪魚則有強烈鮮甜味。此外，同一尾鮪魚取下的赤身，味道也會因部位而異。就像「前腹一番」形容其他部位的説法一樣，赤身據說也是以最靠近頭部的腹部肉為最高級。一般大眾公認為，鮪魚的品質是決定一間餐廳等級的關鍵，而決定鮪魚品質的，説是赤身也不為過。

相關詞 白肉（p.114）

紅肉魚 赤身魚

壽司餐廳會依照魚肉的外觀，分類成紅肉、白肉以及亮皮（p.165）。另一方面，根據營養學則依照肌肉的成分將魚分成紅肉魚與白肉魚。紅肉魚的肌肉中含有多量稱為肌紅素（p.184）的色素蛋白質，泛指各種迴游魚類，例如鮪魚、鰹魚、青鰤、黃尾鰤、青鰤幼魚、青花魚、秋刀魚、竹筴魚等。其中青鰤、黃尾鰤、青鰤幼魚這幾種因為魚肉偏白，很容易被當作白肉魚，但從肌肉的成分來看是紅肉魚一類。

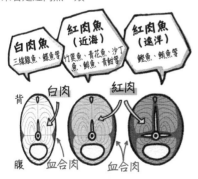

白肉魚
三線雞魚、鰈魚等

紅肉魚（近海）
竹筴魚、青花魚、沙丁魚、鰤魚、青鰤等

紅肉魚（遠洋）
鰹魚、鮪魚等

背　白肉　紅肉

腹　血合肉　血合肉

agari あがり

這是壽司餐廳裡的行話（p.168），指的是熱茶。這原來是江戶時代花柳界的用詞，第一杯端上來的熱茶就叫做「あがりばな」（剛沏好的茶），由此演變而來。由於熱茶可以清洗附在舌面上的魚肉油脂與氣味，在每一道壽司之間喝口茶，更可以品嚐到各自的風味。

細香蔥 浅葱

類似青蔥的蔬菜，因為顏色比青蔥淺一點，日文寫作「淺蔥」，通常用來當作佐料，搭配花枝、白肉、亮皮魚、鮪魚泥等。口味比珠蔥來得辛辣，使用時會切碎後拌入薑泥，或是切成蔥花撒在魚料上。

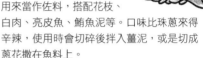

細香蔥切碎拌入薑泥

海瓜子 浅蜊

日 アサリ
英 Japanese littleneck clam、Manila clam
產 4～6月

挑選較大顆海瓜子的蛤肉，以紅燒的方式烹調，用兩、三塊蛤肉捏成壽司，或是做成軍艦卷，再刷上甜醬汁。

竹筴魚 鯵

日 マアジ　別 ホンアジ、ヒラアジ、ノドグロ
英 Horse mackerel　產 5～9月

過去會使用醋漬，現代則以生食為主流。據說這種魚非常美味，因此日文發音才會跟「味」這個字一樣，都唸作「aji」，就算只是切片沾點鹽水都好吃。如果體型比較小就採用「丸付」（p.182）的做法，中等體型的話就會切片捏製。與長蔥、紫蘇、薑、柑橘等佐料都很好搭配，各種吃法也都很美味，是一種令人充滿期待的魚類。除了兵庫縣的淡路，其他都是在豐予海峽捕撈，像是大分縣佐賀關的關竹筴、愛媛縣佐田岬的岬竹筴，還有富含油脂的島根縣濱田港的Donchichi竹筴等，各地都發展出特有品牌。

竹筴魚卷 <ruby>鯵<rt>あじ</rt></ruby>巻き

用竹筴魚、小黃瓜、紫蘇、薑片、芝麻等，不加醋飯，直接用海苔卷起來的下酒小菜。

相關詞 小鯽魚卷（p.93）

蝦青素（Astaxanthin）
アスタキサンチン

與β-胡蘿蔔素、茄紅素等都屬於類胡蘿蔔素，是蝦、蟹等甲殼類以及鮭魚卵、鮭魚、鯛魚等外觀會帶有紅色的漁獲之色素來源。雨生紅球藻（Haematococcus pluvialis）這種藻類會產生蝦青素，磷蝦等浮游動物會吃下雨生紅球藻，當其他魚類吃了磷蝦，蝦青素就會累積在大魚的體內。鮭魚雖然因為蝦青素使得魚肉帶點紅色，仍屬於白肉（p.114）的魚種。鮭魚的幼魚身體是白色，在腹部的紅色「臍囊」裡含有蝦青素，蝦青素比起β-胡蘿蔔素或茄紅素有更強的抗氧化作用與抗發炎作用。

東源正久 <ruby>東源正久<rt>あずまみなもとまさひさ</rt></ruby>

位於東京築地，在 1872（明治 5）年創業的老字號刀具專門店。店內還陳列了一般人不太會用到的鮪魚刀、去鰭刀等專業用刀，震撼力十足。

星鰻小黃瓜卷 <ruby>穴<rt>あな</rt></ruby>きゅう<ruby>巻<rt>ま</rt></ruby>き

用紅燒星鰻、小黃瓜做的海苔卷，通常會做成中卷。

星鰻 <ruby>穴子<rt>あなご</rt></ruby>

日 マアナゴ　**別** はかりめ
英 Whitespotted conger
產 4～8月

星鰻用作壽司魚料時一般都以紅燒方式調理，但關西地區也有用烤的。至於紅燒的手法因店而異，也是師傅大展身手的地方。捏好壽司之後刷上甜醬汁（p.145）是江戶時代的星鰻握壽司做法，但也有撒鹽或放上柑橘的方式。捏製之前炙烤會帶點焦香，微溫入口。星鰻肝可以做成鹹鹹甜甜的佃煮或是煮湯，骨頭可以乾炸當作下酒菜。星鰻的幼魚叫做「noresore」（のれそれ），也可以做為壽司魚料。

甜醬汁
鹽

aniki アニキ

①壽司餐廳裡的行話（p.168），先準備好應該要先用掉的東西（例如魚料、醋飯等）就稱為「aniki」。

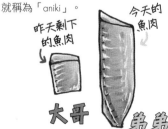

昨天剩下的魚肉
今天的魚肉
大哥　弟弟

②因為發音相近的關係，餐廳行話會把海獸胃線蟲（Anisakis）這種寄生蟲稱為「aniki」。

海獸胃線蟲（Anisakis）
アニサキス

生長在海鮮上的代表性寄生蟲（線蟲）種類，壽司魚料之中則常見於花枝類（尤其是北魷）、青花魚。在魚類存活期間主要棲息於魚的內臟，魚死後就會移動到魚肉上，因此要趁魚還新鮮時盡快處理，就能減少受害。此外，以60度C加熱超過一分鐘，或是採取冷凍處理（置於-20度環境超過二十四小時）也可以防止感染。一般來說，就算吃到有海獸胃線蟲寄生的魚肉，也可能在完全沒有症狀的情況下就隨著糞便排出；但如果海獸胃線蟲緊緊附著在消化器官中，會引起局部過敏反應，導致腹痛、嘔吐、腹瀉等食物中毒症狀（海獸胃線蟲症）。

海獸胃線蟲過敏
アニサキスアレルギー

因海獸胃線蟲引起的過敏反應，相對於海獸胃線蟲症是由活體線蟲引起，過敏現象則無論線蟲生死，總之人體因為對於海獸胃線蟲的身體或分泌物內所含的抗原過敏而出現症狀。通常是出現蕁麻疹，但嚴重時會引起伴隨著呼吸困難、血壓降低的過敏性休克。

炙燒　炙り（あぶり）

魚料經過炙燒，就能夠享受到與生食截然不同的美味。迴轉壽司餐廳裡常見到炙燒的青花魚、鮭魚，但其實六線魚、剝皮魚、金目鯛、白帶魚、白魽、黑喉之類的白肉魚，以及花枝、干貝、蝦、貝類炙燒之後撒點鹽或放上柑橘都非常美味。有些店家會捏好握壽司之後用瓦斯噴槍炙燒，但也有餐廳會先用小烤爐將魚料炙燒後再捏成握壽司。

香魚　鮎（あゆ）

日 アユ　**英** Ayu
產 6〜8月

冬季到春季禁捕，夏天才吃得到的魚料。新鮮的會以生食做成握壽司，無論是剝掉魚皮，或是帶皮炙燒都好吃。也有人會先用醋醃漬過再捏製壽司，另外，雖然有些費工，但以甘露煮的方式烹調之後再切成三片，做成握壽司也是風味絕佳。

香魚壽司　鮎ずし（あゆ）

用香魚製作的押壽司，只要在捕得到香魚的地區，日本各地都會有香魚壽司，但各地的做法都不太一樣。比較常見的做法是將香魚背部從頭到尾一整尾剖開，而且先用醋醃漬過，其中又以奈良縣吉野川的櫻鮎，以及熊本縣球磨川香魚製作的鐵路便當最有名。在和歌山，會先乾烤做成甘露煮才製成押壽司。至於廣島縣三次地區的香魚壽司，則是用豆渣代替壽司飯，還會加入薑和大麻籽。

東洋鱸 <ruby>鮏<rt>あら</rt></ruby>

日 アラ　**別** オキスズキ、ホタ
英 Saw-edged perch　**產** 12～3月

鱸魚的一種，因為漁獲量少又沒有養殖，幾乎是可遇不可求的超高級美味魚種。外觀是帶著淡淡粉紅色的一般白肉魚，口味卻非常鮮甜。日文的漢字寫作「鮏」，讀音為「アラ（ara）」，但在九州地區也把另一種石斑魚稱為「アラ」，很容易搞混。

跟九州的石斑（アラ）不一樣

粗（魚骨） <ruby>粗<rt>あら</rt></ruby>

指整尾魚在片完之後剩下的魚頭、骨、鰓、鰭等，還有骨頭上帶的魚肉。這也是食材的一部分，壽司店會用這些來煮湯。

愛你入骨

粗汁（魚骨湯） <ruby>粗汁<rt>あらじる</rt></ruby>

使用魚骨熬的湯，先去除黏液、臭味（霜降p.109），接著從冷水煮到沸騰取高湯。加入味噌調味的稱為「粗汁」，如果是用鹽調味就叫做「潮汁」。在無菜單的壽司餐廳裡，

湯品一般會在餐點結束前端上，但有些餐廳也會在一開始先上鹽味的「潮汁」，結束前再上味噌湯，共有兩道湯品。

魚骨高湯

鹽　味噌

潮汁　　粗汁

調合醋 <ruby>合わせ酢<rt>あ　　　ず</rt></ruby>

加入各種調味料的醋，不僅壽司飯使用的醋，其他像是「二杯醋」*1、「三杯醋」*2、「甘醋」*3 等都稱為調合醋。壽司飯使用的調合醋通常會在醋裡加入砂糖和鹽，至於比例，各家餐廳都不同。使用紅醋的江戶前壽司則不加砂糖，現在也有一些店家不用砂糖，使用粕醋（紅醋）。至於關西地區的醋飯通常會比關東來得甜，因為煮飯時加入會散發甜味的昆布。其他也有加入柑橘類等，每間餐廳都會加入不同的材料，各有特色。

相關詞 醋（p.115）

Basic 砂糖＋塩＋酢

調和醋

米　昆布　等
柑橘類　＋α

*1 譯註：醋加醬油的調味料。

*2 譯註：醋加醬油、味醂混合的調味料。

*3 譯註：醋加糖或鹽混合的調味料。

鮑

蝦夷鮑 蝦夷鮑 <small>えぞあわび</small>

- **日** エゾアワビ
- **別** アイベ **英** Ezo abalone
- **產** 11～1月

黑鮑的北方型亞種，外型比黑鮑小一點。日本國內外都有養殖，價格相對實惠，話雖如此，畢竟鮑魚仍然是高級食材。迴轉壽司餐廳裡吃到的鮑魚通常都是蝦夷鮑，或是進口紅鮑螺。

黑鮑 黑鮑 <small>くろあわび</small>

- **日** クロアワビ
- **別** オガイ **英** Disk abalone
- **產** 6～8月

一般講到鮑魚指的都是黑鮑，相對於雌貝鮑，黑鮑也有人稱作雄貝鮑。由於能捕獲的數量很少，屬於超高級食材。據說是生食最美味的鮑魚種類，做壽司時會切成薄片，而且還會劃幾道切痕方便咀嚼。當然，酒蒸的做法也很好吃，切厚片用酒蒸是壽司餐廳的經典下酒菜。

眼高鮑 眼高鮑 <small>まだかあわび</small>

- **日** マダカアワビ
- **別** マダカ、メダカ **英** Giant abalone
- **產** 6～8月

這種鮑魚煮熟會比生食好吃，抹酒蒸熟之後，比生食時切得更厚一點捏成握壽司，如果能搭配內臟一起吃就更棒了。

雌貝鮑 雌貝鮑 <small>めがいあわび</small>

- **日** メガイアワビ
- **別** メガイ、メヒラ
- **英** Siebold's abalone **產** 6～8月

跟眼高鮑一樣是熟食比較美味的種類，鮑魚跟海膽都是吃同一種海藻，兩者特別搭，可以將海膽炙燒後鋪在鮑魚上，或是將內臟和海膽拌勻後鋪在鮑魚上一起吃。

安康魚肝 <small>あん肝</small>

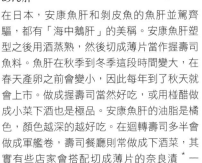

在日本，安康魚肝和剝皮魚的魚肝並駕齊驅，都有「海中鵝肝」的美稱。安康魚肝塑型之後用酒蒸熟，然後切成薄片當作握壽司魚料。肝臟在秋季到冬季這段時間變大，在春天產卵之前會變小，因此每年到了秋天就會上市。做成握壽司當然好吃，或用柚醋做成小菜下酒也是極品。安康魚肝的油脂是橘色，顏色越深的越好吃。在迴轉壽司多半會做成軍艦卷，壽司餐廳則常做成下酒菜，其實有些店家會搭配切成薄片的奈良漬 * 一起做成握壽司。

* 譯註：小黃瓜、生薑等蔬菜類經過鹽漬後以酒粕醃漬的醬菜。

包餡壽司 <small>あんこずし</small>

山口縣的鄉土料理，在一整球醋飯中加入乾蘿蔔絲、紅蘿蔔、乾香菇、牛蒡、蒟蒻、油豆皮等用醬油紅燒好的材料，放進模型裡壓實之後，最上方再鋪肉鬆、蛋絲、滷香菇、豌豆莢等裝飾。據說起源是早期稻米缺乏的時代，用這種包入內餡的方式來節省米飯用量。

EPA <small>EPA</small>

Eicosapentaenoic acid 的簡稱，正式名稱是「二十碳五烯酸」。壽司使用的魚料種類中，青花魚、沙丁魚、秋刀魚、鮭魚等含量都很豐富。這種必須脂肪酸人體無法自行合成，一定得從食物中攝取。據說具有降低血脂、抑制血小板凝結的作用，酯化物目前也是市售的高血脂、閉鎖性動脈硬化等症狀的治療用藥。

花枝

軟絲 <ruby>障泥烏賊<rt>あおりいか</rt></ruby>

日 アオリイカ　　**別** ミズイカ、バショウイカ
英 Bigfin reef squid　　**產** 4～8月

夏季烏賊，在市場還能買到活跳跳的新鮮貨。全身透明，藍色的眼睛非常漂亮，美味得沒話說。肉質厚實，相對有點硬，通常會斜切成薄片或是在表面劃上格子狀的切痕。帶有超群的鮮甜滋味，堪稱烏賊中的王者。很適合搭配鹽、柑橘，用熱水燙過之後抹上甜醬汁（p.145），本身的鮮美也不會被蓋過。

透抽（又稱中卷）<ruby>剣先烏賊<rt>けんさきいか</rt></ruby>

日 ケンサキイカ
別 アカイカ、ゴトウイカ（旬：3～8月）
　　シロイカ、ブドウイカ
　　五島烏賊（季節：3～8月）
英 Swordtip squid　　**產** 6～10月

赤魷與白烏賊，在遺傳學上同屬軟絲，但因為生長的季節、環境與地區而有不同的外觀型態。軟絲或赤魷的身體（外套膜）部分細長，生長在夏～秋季，體型大者身體可長達 50 公分，赤魷的產地以佐賀的呼子與伊豆群島最有名。另一方面，身體較粗，生長在春～冬季的則稱為白烏賊，體長約到 30 公分，著名的產地是山陰地區。透抽質地細嫩，美味自然不在話下，更因為切片看來很美，可以做成漂亮的握壽司。九州知名餐廳「天壽司」的透抽握壽司，會在透抽上搭配海膽、飛魚子、山椒、五色芝麻，彷彿花朵般呈現主角級的視覺效果。

透抽　有非常多的別名。
但在一般壽司店多半聽到赤魷、白烏賊。
武進烏賊　赤魷　圓烏賊
白烏賊　五島烏賊

小墨魚 <ruby>新烏賊<rt>しんいか</rt></ruby>

產 8～9月

春天初生的墨魚，在長到身體（外套膜）長度 5 公分左右享用，這可是只有夏季才吃得到的魚料。捏製壽司時一尾一貫，有時是兩尾一貫。這是花枝中口味最纖細軟嫩的小墨魚，一口就可以吃掉。吃的時候身體撒點鹽，腳則沾甜醬汁（p.145），無論味道與口感都能一次擁有雙重享受。

小墨魚
墨魚寶寶
5cm 左右

墨魚（又稱花枝）<ruby>墨烏賊<rt>すみいか</rt></ruby>

日 コウイカ
別 ハリイカ、マイカ
英 Cuttlefish
產 11～2月

墨魚最好吃的季節從 11 月左右到隔年春季，肉質滑膩口感好，表面不用劃上切痕也能享受牠細緻的嚼勁。因為東京灣就捕得到，從前就是江戶前壽司的代表性魚料。只是江戶時代常見的做法是帶甜味的紅燒，近來則多半搭配鹽或柑橘。另外，用昆布漬過的也很好吃。

墨魚
我可是江戶在地的

魷魚 <ruby>鯣<rt>するめ</rt></ruby><ruby>烏賊<rt>いか</rt></ruby>

- 日 スルメイカ
- 別 マイカ、スルメ
- 英 Japanese flying squid
- 産 全年

日本各地吃得最多，也是烏賊類中價格便宜的種類，但因為海水溫度變化，2016 年之後產量驟減，價格高漲。由於肉質較硬，切成薄片之後要用菜刀多劃幾道切痕。建議可以搭配薑泥、醬油，趁新鮮吃。

魷魚

對了，最近夥伴是不是變少啦？

老百姓還吃得起吧？

虎斑烏賊 <ruby>紋甲<rt>もんごう</rt></ruby><ruby>烏賊<rt>いか</rt></ruby>

- 日 カミナリイカ
- 別 マイカ
- 英 Ocellated cuttlefish
- 産 10〜2月

正式的日文名稱叫做「雷烏賊」，但一般常聽到的都是「虎斑烏賊」。而在迴轉壽司餐廳常見到的進口甲烏賊也會叫作「虎斑烏賊」，因此很容易混淆。日本產的虎斑烏賊口味甘甜，是高級魚料。

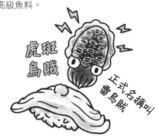

虎斑烏賊

正式名稱叫雷烏賊

螢烏賊 <ruby>螢<rt>ほたる</rt></ruby><ruby>烏賊<rt>いか</rt></ruby>

- 日 ホタルイカ　別 マツイカ
- 英 Firefly squid　産 4〜6月

以富山縣產的最有名，每年禁捕期一結束，就會出現在市場裡最顯眼的位置。餐廳會用清燙，或是去除內臟後以生食方式作為魚料。1978 年，發現了食用螢烏賊中毒的原因來自於旋尾線蟲（p.128）這種寄生蟲之後，生食就必須先去除內臟。雖然內臟對於嗜酒之人是難以抗拒的美味，但其實螢烏賊無論直接清燙、做成軍艦卷，或是搭配薑泥、紫蘇，都讓人能一貫接一貫，吃到停不下來。

螢烏賊

槍烏賊 <ruby>槍<rt>やり</rt></ruby><ruby>烏賊<rt>いか</rt></ruby>

- 日 ヤリイカ
- 別 サヤナガ、ササイカ、テッポウ、ミズイカ
- 英 Spear squid
- 産 12〜4月

即使生食的口感也很軟嫩，鮮甜又美味，是壽司餐廳很常使用的食材。表面可以用菜刀劃幾道切痕或鹿子格紋（p.75），刻出華麗圖案。有的餐廳還會在魚料下方夾一片烤過的海苔，增添海味。

槍烏賊

烏賊壽司 イカ寿司

青森縣的鄉土料理，將烏賊腳抹上鹽，然後加入以醋、酒涼拌的高麗菜絲、紅蘿蔔絲和薑絲，一起塞進燙熟的烏賊身體裡，上方用重物加壓，放置幾天製作而成。最初是塞入加了鹽的米飯醃漬，製成發酵之後帶有酸味的發酵食品，但現在隨著時代轉變，做法也有所不同

鮭魚卵 イクラ

從鮭魚卵巢剝下來，用鹽或醬油醃漬而成。因為可以冷凍保存，全年都吃得到，但產卵前的夏秋兩季能吃到新鮮捕獲的最美味鮭魚卵。鮭魚卵的日文為「イクラ」（ikura），這個字來自俄文「ikra」，是「魚卵」的意思。因為鮭魚卵的加工方式是在明治時代從俄國傳到日本，因此日本沿用了俄國的說法。順帶一提，這種鮭魚卵在俄國稱為「紅魚卵」，而另一種「黑魚卵」指的就是魚子醬。講到鮭魚卵的握壽司，通常想到的都是軍艦卷，但有些店家不用海苔，而是直接把醋飯和鮭魚卵放在小碟子裡，讓客人品嚐它的鮮甜味，或者使用柚子皮磨粉（柚子 p.192）來增添變化。

鮭魚卵公主 いくら姫

動畫《麵包超人》裡的角色，頭部是鮭魚卵軍艦卷造型的小女孩，她是壽司國的公主。

活締 活けじめ

為了保持魚類鮮度，針對鯛魚、比目魚等中型魚類採取的宰殺處理手法。用利刃刺入活魚腦部，讓魚迅速陷入腦死狀態，再切除魚鰓放掉全身血液，然後用鋼琴弦等細線經由脊髓切斷神經。也有另一種方法是切斷魚尾，讓水流過魚鰓與魚尾之間來放血，再用鋼琴弦等細線從魚尾穿過脊髓。進行活締處理之前，會讓魚在竹籠裡待上一段時間，確保消化道淨空，這個步驟稱為「活越」，經過「活越」的步驟，更能讓魚以最佳狀態保存下來。以腦死的方式處理，魚就不會因為掙扎而受傷，也不會損失鮮甜味，或是因為體內累積乳酸等疲勞物質而導致風味變差。不僅如此，藉由切除神經，能延後死亡變僵硬的過程，口感的變化相對緩慢。由於細菌喜歡血液，處理時要盡可能把血放乾淨。如果能善用活締的手法來處理好吃的魚，熟成之後會比立刻鮮食更好吃。

活物 活け物

指市場裡賣出前一刻仍在水中活跳跳的鮮魚，市場中排列著活魚箱的一整區，稱為「活場」。

石垣貝 石垣貝

- **日** エゾイシカゲガイ
- **英** Bering sea cockle
- **產** 7～10月

肉質厚實，帶著脆脆的口感，甜味、鮮味都豐富的貝類。夠新鮮的話，肉從殼上剝下來時還會動，就連切開捏成握壽司還能看到腳在動。原名「石影貝」，因為發音相近誤傳為「石垣貝」，其實並不產於石垣島。

石川縣 石川県

日本都道府縣之一，迴轉壽司餐廳裡的輸送帶幾乎都是在石川縣製造。

飯壽司 飯寿司

日本靠海一側嚴寒地區在冬季的鄉土料理，使用鮭魚、花魚、鱈魚、鰈魚、鰤魚等，魚類先用鹽醃過，加上高麗菜、紅蘿蔔、蘿蔔、蕪菁等蔬菜，再搭配薑、柚子、山椒等佐料，用米麴和鹽醃漬的發酵食品。

磯邊燒 磯辺焼き

卷著海苔的烤年糕，或是泛指使用海苔的各種燒烤。壽司餐廳裡常見到的是將干貝或牛角蛤的貝柱炙燒之後，淋一點醬油再用海苔包起來做成的下酒小菜。這種做法讓香氣散發出濃郁海味，令人難以抗拒。

（貝類＋海苔＋醬油）
╳
炙燒
的
香濃海味～

板前 板前

熟習和食技術的廚師，這裡的「板」指的是「砧板」，在砧板前烹調料理的人，就稱為「板前」。雖然壽司是和食，涵蓋在板前的概念之內，但實際在業界卻視為完全不同的職業類別，一般所說的「板前」並不捏壽司。

『板前』＝『壽司師傅』？

市場提籃 市場かご

竹編的籃子，因為底部是平的，面積比較大，很適合平放魚類，提著上市場採買非常方便。

豆皮壽司 稲荷寿司

壽司的一種，把壽司飯包進滷到鹹鹹甜甜的油豆皮裡。關東地區會包成圓柱狀，關西地區則捏成三角形，略有不同；關西地區有時候會在壽司飯裡撒白芝麻或是加入紅蘿蔔、香菇等食材，這種加入其他料的也稱為「五目稻荷」。

圓柱狀的是關東風格

今田壽治 _{いまだひさじ} 今田壽治

1941（昭和16）年開發出軍艦卷的壽司師傅，他也是東京銀座壽司餐廳「久兵衛」的第一任老闆。過去鮭魚卵並沒有當作壽司魚料使用，因為有顧客想品嚐新奇罕見的壽司，為了滿足顧客的想法，想到了軍艦卷這種能克服鮭魚卵無法捏製，又能成為握壽司魚料的方法。

煎酒 _{いざけ} 煎り酒

與醬油一樣，是從室町時代就開始使用的調味料，做法是在日本酒裡加入醃梅乾，熬煮到酒精成分揮發，有時候也會加入柴魚片或昆布。當在壽司餐廳聽到師傅說「請直接吃」，通常壽司魚料已經用熬煮醬汁或是鹽來調味，偶爾也會抹一點煎酒。相較於醬油，煎酒的鹽分較低，加上氣味不如醬油濃郁，可以充分展現食材的香氣，很適合搭配白肉魚、花枝、貝類，還有用昆布漬過的魚料。

沙丁魚 _{いわし} 鰯

- 日 マイワシ
- 別 ナナツボシ
- 英 Japanese sardine
- 產 5～10月

因為體側有黑點，也稱「ナナツボシ」（七星）。沙丁魚的盛產季節剛好是梅雨季，因此也稱為梅雨沙丁魚或入梅沙丁魚，是這個季節魚舖的熱賣魚種。當季的沙丁魚油脂豐富，新鮮的適合生食、品質一般的建議用醋醃漬。至於搭配的佐料，一般常用薑和細香蔥，其實跟紫蘇、醋橘也很搭，或者炙燒後搭柑橘汁也好吃，有多種享用方式。

岩國壽司 _{いわくにずし} 岩国寿司

山口縣東部岩國地區的鄉土料理，也稱為角壽司、殿樣壽司。做法是在專用的木框裡先塞入壽司飯，接著一層層鋪上蛋絲、（醋拌）蓮藕、香菇、魚蝦鬆、星鰻等食材，最後得用人力踩上去用力壓緊紮實即完成，有時候也會在壽司飯裡混入土魠魚或竹筴魚等食材。

印籠壽司 _{いんろうずし} 印籠寿司

用醬油、味醂、高湯等燉煮成口味較甜的烏賊，然後將瓠瓜乾、薑片、芝麻等食材拌入壽司飯，再塞進烏賊身體製成的壽司。印籠，是古代日本人隨身攜帶的扁平長型小

容器，用來放藥品等小東西，通常分成三層或五層。切成圓片的印籠壽司外觀就類似印籠，才有這個稱呼。印籠壽司在戰前的江戶前壽司餐廳很常見，但現代已鮮少看到。

魚市 魚河岸

有魚市場的河岸就稱為魚河岸，不過這個稱呼是來自日本橋到江戶橋這段河岸有魚市場的關係。據說德川家康在江戶開設幕府時，要求幾十名漁民從攝津的佃村、大和田村移居到江戶，捕魚提供江戶城內的消費。為了讓上呈給幕府後剩下的魚能在一般市場銷售，開始分業捕魚的人和賣魚的人，在捕魚與銷售清楚劃分之後，真正的魚市場出現，而且還有來自遠地的海產到貨，市場更興活絡。原來在日本橋的魚市，在關東大地震之後於 1935 年搬遷到東京都中央區築地，2018 年 10 月再遷至江東區豐洲。壽司餐廳經常會將「魚」省略，只稱「河岸」。

相關詞 森孫右衛門（p.189）

浮世繪

《魚類大全 第二集 酒菜大全》（末廣恭雄 組本社提供）

淺草松之鮨本店 淺草松のすし本店

歌川豐國（第三代）的作品，畫作的主題是一名女性捧著壽司桶，上方還疊放著壽司折（譯註：外帶用的壽司折盒。）走出壽司店時的一景。由於壽司桶蓋著上蓋，猜想裡頭應該是押壽司，外帶盒裡的應該是握壽司。松之鮨最初開業於深川的安宅六間堀（現在新大橋一帶），後來遷到淺草，畫中女性腳邊的酒桶上也能看到「淺草平右衛門町」幾個字。

縞揃女弁慶 松之鮨
縞揃 女弁慶 松の鮨

歌川國芳描繪的「縞揃女弁慶」系列作品之一，畫中的女性從壽司外帶盒中拿出壽司，一旁的孩子急著想大快朵頤。外帶折盒與繪畫上方都有「松之鮨」的文字，由此可知畫的是被稱為江戶最高級的堺屋松五郎的松之鮨這間店的壽司。盤子上盛著鮮蝦握壽司，以及兩塊煎蛋壽司卷，下方則是青皮魚押壽司，空白處的題字寫著「連稚童也扯動衣袖吵著吃安宅松之鮨」。

東京都立圖書館館藏

東都高名會席盡 とうとこうめいかいせきづくし 東都高名会席 尽
燕燕亭 名古屋山三 えんえんてい なごやさんざ 燕々亭 名古屋山三

1853（嘉永6）年的作品，前方人物是當時有名的演員，由歌川豐國（第三代）所繪，後方的料理則出自歌川廣重（第一代）手筆，全系列共有50幅，這是其中之一，壽司桶裡畫有小鯽魚、鮪魚、鯛魚、煎蛋卷、壽司太卷等。

國立國會圖書館館藏

東都名所 とうとめいしょ 東都名所
高輪廿六夜待遊興之圖
たかなわにじゅうろくやまちゆうきょうのず 高輪 廿 六夜待遊 興 之図

這幅第一代歌川廣重的作品，畫的是在高輪一帶賞月的情景。畫中排列著販售天婦羅、糯米丸子、蕎麥麵等江戶代表性食物的攤位，其中也有壽司攤。在沒有放大之下很難分辨，但仔細看還是能看到捏好的握壽司像甜點一樣陳列出來。

山口縣立萩美術館・浦上紀念館館藏

見立源氏花之宴 みたてげんじ 見立源氏はなの宴 うたげ

歌川豐國（第三代）在1855（安政2）年的作品，在賞花宴的餐點中，壽司桶裡裝的是鮮蝦和小鯽魚的握壽司，下方還有伊達卷（p.140）。這是以紫式部的《源氏物語》為舞台，由柳亭種彥將時空轉換到平安時代至室町時代創作的作品，在《紫田舍源氏》的插圖中，畫作正中央的男性就是主角足立光氏（《源氏物語》裡的光源氏）。

味之素飲食文化中心收藏

名所江戶百景 猿若町夜景
名所江戶 百 景 猿わか町よるの景 めいしょえ どひゃっけい さる ちょう けい

歌川廣重在1856（安政3）年的作品，猿若町在淺草的東北部，畫作裡完整排戲院的正中間，可以看到壽司小攤。這類小戲院據稱會敗壞社會秩序，在天保年間的改革後，都聚集此處，因此也稱為「芝居町」（編按：日文芝居為表演、演戲的意思。）。猿若町地名的由來，據說是取自歌舞伎的始祖——猿若勘三郎。

國立國會圖書館館藏

I LIKE SUSHI

Crazy Ken Band 的歌曲，作詞作曲都是橫山劍，收錄在《777》這張專輯裡。相對於澀柿子隊的「吃壽司！」歌詞中幾乎都是魚料，「I LIKE SUSHI」歌沒出現什麼魚料，而是一首在副歌好聽且感嘆戀情終結的曲子。

吃壽司！ スシ食いねェ！

澀柿子隊在 1986 年發表的歌曲，歌曲發表的前一年，有一次巡迴演唱會中團員之一的藥丸裕英無法參加，光靠本木雅弘與布川敏和兩人來串場很難炒熱氣氛，於是拿起飯店內的外送壽司菜單，即興表演了當年日本還很少見的饒舌歌，據說就是這首歌的雛形。歌詞裡列出的魚料都很高級，而且這首歌還有英文版。

想吃 SUSHI feat. 醬油

SUSHI 食べたい feat. ソイソース

這是 ORANGE RANGE 於 2015 年推出的《想吃 SUSHI 迷你專輯》，之後收錄在專輯《TEN》，又是一首讓人覺得壽司魚料和饒舌樂很搭的曲子，洗腦又具特色的音樂影片很值得一看。

SUSHIBOYS

出身埼玉縣的 Hip-Hop 樂團，目前他們是團名以及迷你專輯名稱都和壽司有關，作品中卻沒有和壽司相關的歌名。

壽司屋 寿司屋

所喬治的歌，歌詞內容是想對吃了生魚片後說出「活的真好」的人，他認為「活的真好指的是活著這件事，而不是嚴謹生活」大概像這樣，沒有太多意思，只是抒發所喬治本身的心情。

太空食品 宇宙食

日清食品控股公司開發了「稻荷壽司」以及「散壽司」（Space Chirashi）的太空食品，散壽司的配料有蝦、豌豆莢、香菇、鮭魚鬆、肉鬆等。調理方式是放入 80 度 C、50ml 的熱水，放置 12 分鐘。

© 日清食品控股公司

鰻魚 鰻

- 日 ニホンウナギ
- 別 シラス（稚魚）、クロメ
- 英 Japanese eel
- 産 野生8～12月、養殖5～8月

蒲燒鰻會搭配甜醬汁（p.145），白烤鰻則撒鹽搭點山葵，兩者皆在炙燒後捏成握壽司，在溫熱狀態下享用，可以感受鰻魚與醋飯香氣融合的美妙。

相關詞 瀕臨絕種（p.127）

海膽

馬糞海膽 馬糞海胆

- 日 エゾバフンウニ
- 別 ガゼ、アカ、バフンウニ
- 英 Short-spined sea urchin、Intermediate sea urchin
- 産 4～8月

相對於顏色偏白的紫海膽，馬糞海膽色澤帶橘紅，因此也稱紅海膽。外殼是綠～褐色，特徵正如英文名稱一樣，刺比較短。雖然小小一顆，但味道鮮美，而且風味濃郁，做成軍艦卷時味道也不輸給海苔。

取名字的人給我面對！

馬糞海膽

殼上有短刺

紫海膽 紫海胆

- 日 キタムラサキウニ
- 別 ノナ、シロ
- 英 Northern sea urchin
- 産 6～8月

正如其名，外殼是紫～黑色，裡頭偏白～黃色，不像馬糞海膽帶著橘紅。味道相對清爽，卻帶著一股海味。另外因為形體較大，通常不會做成軍艦卷，而是單用海膽來捏成握壽司。

紫海膽

馬面魚 _{うまづらはぎ} 馬面剝

- **日** ウマヅラハギ **別** ハゲ、ナガハゲ
- **英** Black scraper、Filefish
- **產** 9～2月

和剝皮魚一樣，都是從魚肉好吃到內臟的魚，放上一塊魚肝的握壽司堪稱極品。

相關詞 剝皮魚（p.78）

說誰是馬面啊！

就你呀。

海葡萄 _{うみ} 海ぶどう

- **日** クビレズタ **別** グリーンキャビア
- **英** Sea grape、Green caviar **產** 10～5月

沖繩特產的海藻，能做下酒小菜，或是加上海苔帶做成握壽司。另外，推薦和鮪魚中腹碎肉一起做成手卷或軍艦卷，讓海葡萄的鹽分與海苔香氣襯托魚肉一起吃。

在海裡大概像這樣

紫蘇梅卷 _{うめじそまき} 梅紫蘇巻き

把醃梅乾肉剁碎加紫蘇做成的海苔細卷。

反卷壽司 _{うらまき} 裏巻き

海苔在內側、醋飯在外側的海苔卷，在歐美國家，講到壽司卷時，似乎反卷壽司比一般海苔卷更為主流，能吃到各式各樣的壽司卷。做法是在海苔上平均鋪上一層醋飯後翻面，然後放上配料卷起來。翻面時要在卷簾和醋飯之間夾溼布或保鮮膜，不要讓醋飯黏在卷簾上。

海苔在內側

鮭魚、酪梨、小黃瓜、芝麻等

上身 _{うわみ} 上身

以魚頭在左側、腹部朝自己的方向時，上方的魚肉稱為「上身」，下方的魚肉就是「下身」。順帶一提，一般在通路上都會把魚頭朝左側放。下身因為壓在下方，容易受損、壓傷。也就是說，上身的魚肉價值較高，下身則要先用掉。

頭　尾

上身

下身

江戶三鮨 _{えどさんずし} 江戶三鮨

在壽司逐漸普遍的江戶時代，江戶地區最受歡迎的三間壽司——與兵衛鮓（與兵衛壽司）、松之鮨，毛拔鮓，合稱「江戶三鮨」。

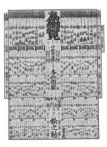

明治初期的壽司餐廳排行榜（引用自和田富太郎祕藏之《壽司通》（土曜文庫））

江戶時代 江戶時代

從 1603（慶長 8）年德川家康受封征夷大將軍並在江戶開設幕府，到 1867（慶應 3）年十五代將軍慶喜大政奉還後王政復古，或是到 1868（慶應 4）年明治改元的這段期間，就稱為江戶時代，江戶前壽司就是在這個時代誕生。

江戶前 江戶前

江戶前指的是從江戶城前方的海域或河川中捕獲的水產，「江戶前」這個詞出現在享保年間（1716～1736 年）之後，在寶曆年間（1751～1764 年）則專指鰻魚。由於在大川（現在的隅田川）捕獲的鰻魚非常美味，特別稱其「江戶前」。自此之後，「江戶前」成了品牌的象徵，也用在其他水產上。至於江戶前這個詞最初指的是品川洲崎和深川洲崎之間的地區，然而隨著時代更迭，加上填海造地使得這個地區捕不到魚，同時漁船的設備也進步了，漁場轉移到外海，種種因素之下，「江戶前」包含的範圍也逐漸變大。根據 1953 年築地市場的重新定義，以三浦半島觀音崎燈塔與館山之間連結的這條線，將東京灣分成內灣與外灣，內側即稱為「江戶前」。多年來雖持續多種解釋，但在 2005（平成 17）年，日本水產廳定出「所謂江戶前，即指在整個東京灣裡捕撈的各類新鮮水產」。這裡的東京灣，指的是三浦半島劍崎與房總半島洲崎之間連結線的內側。江戶時代，在東京灣就能捕獲新鮮美味的水產，但明治維新填海造地，加上戰後水質惡化，有些種類已經捕不到了。現在仍有江戶前小鯽魚、星鰻等，將這個名詞當作品牌，而在魚市裡也會看到裝魚的箱子貼著「江戶前」的牌子。此外，相對於上方（關西地區）的流派，「江戶前」也可代表「江戶流」。

江戶前壽司 江戶前寿司

江戶前壽司這個詞有很多意義，如果是以「江戶前」來代表「地區」的話，指的就是使用在東京灣捕獲的海鮮製作的壽司。另一方面，如果是相較於以上方手法製作的大阪壽司（p.59）而言，這裡的江戶前指的就是握壽司。此外，在製作江戶前壽司的年代，當時的師傅在沒有冰箱的環境下，為了讓魚料衛生可食，會運用醋漬、清蒸、紅燒等處理手法，這些壽司師傅事先準備的工夫稱為「仕事」，有時候也會將握壽司之中特別經過傳統江戶前手法處理的壽司稱為「江戶前壽司」。

隅田川
東京都
深川
江戶時代的江戶前
神奈川縣
千葉縣
三浦半島
1953 年築地市場定出的江戶前
富津
觀音崎
劍崎
館山
2005 年水產廳定出的江戶前
洲崎
太平洋

汆燙 昆布醃漬 醋漬 醬油漬 醋洗 紅燒 煎酒 甜醬汁 魚蝦鬆 熬煮

蝦子

迴轉壽司餐廳裡，一般來說生食的鮮蝦會比熟蝦價格來得高。而且提到鮮蝦，相信很多人先想到的也是生食。但其實江戶前握壽司的傳統魚料中，使用的是燙熟的明蝦。此外，江戶前握壽司是以魚類、貝類為主角，蝦說起來算是配角。話雖如此，鮮蝦卻是連兒童都喜愛的壽司魚料，加上外型搶眼，只要有了鮮蝦，壽司看起來就顯得豪華，真是出色的配角。

甜蝦 甘海老

- 🇯🇵 ホッコクアカエビ
- 別 ナンバンエビ
- 🇬🇧 Alaskan pink shrimp
- 產 11～1月

棲息在北太平洋水深約 500 公尺的深海環境，正如其名，有一股其他蝦類所沒有的甜味，不過新鮮捕獲的並不甜，甜蝦是在死後因為消化酵素讓肌肉分解形成胺基酸，才釋放出鮮甜，肉質出現特殊的黏稠感。甜蝦在新潟一部份地區還有「南蠻蝦」這個別名，原因是外觀類似紅紅的辣椒（又名南蠻）。

甜蝦

明蝦 車海老

- 🇯🇵 クルマエビ
- 別 マキ、サイマキ、ハルエビ
- 🇬🇧 Kuruma shrimp、
  Japanese tiger prawn
- 產 5～10月

以加熱時的鮮紅色外觀與濃郁口味為特色，江戶前壽司經常是在汆燙之後泡冰水才捏成握壽司。關西地區的「Odori」（p.62），是在魚料活跳跳的狀態下製作成握壽司，有些店家可讓顧客選擇要加熱或生食，也有餐廳是在顧客面前實際調理活蝦。無論是用醋蛋黃（醋蛋鬆 p.83）醃漬，或是加味噌一起捏成握壽司，明蝦這種魚料用任何吃法都讓人期待。

櫻花蝦 桜海老

- 🇯🇵 サクラエビ
- 別 シンエビ、
  ヒネエビ（産卵前）
- 🇬🇧 Sakura shrimp
- 產 3～6月、10～12月

避開夏季產卵的禁補期，在春、秋兩季捕捉。用鹽水清洗之後以生食方式做成軍艦卷，不用沾任何佐料，就能夠品嚐到櫻花蝦的風味。

北海蝦 縞海老（しまえび）

- **日** モロトゲアカエビ
- **別** キジエビ、スジエビ
- **英** Morotoge shrimp
- **產** 11～2月

這種蝦在頭部的角上長了刺，但因為外表鮮豔的深紅色條紋比角上的刺更令人印象深刻，日文漢字寫作「縞海老」，意思是「有斑紋的蝦」。剝掉殼之後，裡頭的蝦肉同樣也是漂亮的紅色斑紋，但處理時間過長的話，紅色就會褪掉。捏製握壽司時通常和甜蝦一樣，一貫壽司會用兩尾蝦，如果處理得好，是非常賞心悅目的壽司。

玻璃蝦 白海老（しろえび）

- **日** シラエビ
- **別** ベッコウエビ、ヒラタエビ
- **英** Glass shrimp
- **產** 4～6月

和螢烏賊並列為富山縣的春季名產，每年四月開放捕捉之後，就會出現在市面上。生食的話需要剝殼，但要保持蝦肉完整無缺卻非常困難，是一項很需要耐心的作業。市面上看到的分成手工剝殼與機器剝殼，手工剝殼的價格很高，吃起來的鮮甜味卻截然不同。肉質軟嫩，味道十分濃郁。

葡萄蝦 葡萄海老（ぶどうえび）

- **日** ヒゴロモエビ
- **別** ムラサキエビ
- **英** Prawn
- **產** 全年

活蝦呈紅色，捕撈後過一段時間就會變成類似巨峰葡萄的紫紅色。味道鮮甜，口感Q彈，是生食鮮蝦中的最高級。

牡丹蝦 牡丹海老（ぼたんえび）

- **日** ボタンエビ、トヤマエビ
- **別** オオエビ、トラエビ、カスガエビ
- **英** Botan shrimp
- **產** 12～1月

用牡丹蝦捏製握壽司通常有兩種方式，一種是從背側剖開，一貫壽司用一尾；一種是從腹部剖開，將蝦尾反折，不過因為肉質比甜蝦來得紮實，有些餐廳會先醃漬，或是淋熱水（p.193）後捏成唐子（p.76）壽司。雖然費工，但加上頭部的蝦膏更添濃郁鮮甜滋味。壽司不使用蝦頭的話，可以燒烤後食用蝦膏，或是用來做味噌湯。若是抱卵牡丹蝦，還會在壽司上鋪蝦卵。

惠方卷 <ruby>惠方巻き<rt>え ほう ま</rt></ruby>

加入七種配料（瓠瓜乾、蝦、蛋、香菇、魚蝦鬆、小黃瓜、鴨兒芹）的海苔中卷，跟一般的海苔中卷幾乎沒兩樣，但平常海苔中卷會切片吃，惠方卷則是整條不切直接吃。在節分（譯註：特別指立春前一日）當天要朝著這一年吉利的方位（也就是惠方），不發一語地把整條惠方卷吃完，據説這樣能除厄招福。

緣側 エンガワ

比目魚或鰈魚身上擺動魚鰭的肌肉，由於跟日式建築的沿廊外型類似，而有「緣側」的稱呼。迴轉壽司餐廳供應的緣側，通常用的是一尾可以取到較多緣側部位的馬舌鰈，不過正統的壽司餐廳講到「緣側」指的都是比目魚。因為一尾魚能取到的量並不多，屬於高級食材，有些店家也沒有只用緣側的握壽司，而是放一點在比目魚握壽司上，讓所有顧客都能享用到。

金黃色葡萄球菌
<ruby>黃色ブドウ球菌<rt>おうしょく きゅうきん</rt></ruby>

金黃色葡萄球菌（Staphylococcus aureus）廣泛存在於人類生活的環境中，比方牛、雞等家畜家禽身上，或是健康常人的鼻腔、咽喉、腸道中。金黃色葡萄球菌在食物中繁殖時釋出的腸毒素（enterotoxin）會引起食物中毒，使人在吃了乳製品或經過人手加工的食品後發生食物中毒。另外，金黃色葡萄球菌也會導致化膿，所以手指等部位化膿時，膿包裡會有大量的金黃色葡萄球菌。對於平常必須使用銳利菜刀，以及用雙手捏製壽司的壽司師傅來説，對傷口及金黃色葡萄球菌都要特別留意。

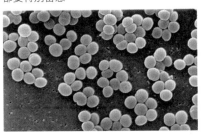

大阪壽司 <ruby>大阪寿司<rt>おおさか ず し</rt></ruby>

押壽司、棒壽司、伊達卷壽司、太卷壽司等以箱壽司為代表，而非握壽司的都是大阪壽司。相對於在掌心捏好之後馬上食用的江戶前，大阪壽司預設的情境並不是做好當場吃掉，而是帶回家吃，因此特色就是即使過了一段時間風味也不會改變。

鮪魚大腹肉 <ruby>大トロ<rt>おお</rt></ruby>

鮪魚腹側的肉，包覆著內臟，是油脂最豐厚的部分。為了讓顧客感受到油脂在口中化開時的濃郁甜味，特別在乎在理想溫度下供應的店家會把魚肉拿出冰箱後經過一段時間，在最適合的時機上菜。由於一尾鮪魚中能取到的量很少，進貨價格很高，一般來説，是提高壽司餐廳成本率的魚料。

大村壽司 <ruby>大村寿司<rt>おおむらずし</rt></ruby>

自室町時代中葉出現在長崎縣大村市的鄉土料理，在稱作「麴蓋」的木盒裡鋪上壽司飯，再放上紅燒牛蒡。然後鋪一層壽司飯，接著放上魚板、肉鬆、香菇、蛋絲等配料，做成押壽司。吃的時候是從木盒裡取出壽司，切成邊長5公分的方塊狀。

岡持（外送提盒） <ruby>岡持ち<rt>おかもち</rt></ruby>

運送料理時使用的附蓋木桶或木盒，至於名稱的由來，有人說是因為日文的「桶」與「岡」發音相近。也有人說是外型像小山岡，眾說紛紜。至於壽司專用的提盒，把手的長度分成適合手提的，還有較長可以背在肩上的。另外，拉麵店或蕎麥麵店外送專用的那種正方形金屬外送提盒，也稱為「岡持」。

豆渣 <ruby>おから<rt></rt></ruby>

製作豆腐的過程中，從黃豆搾出豆漿後留下的黃豆殘渣，就像使用過的茶葉殘渣稱為「茶渣」是同樣的道理。由於醋飯是要給顧客食用的，不能用來練習，因此過去還在實習學藝的學徒會用豆渣代替醋飯練習捏製壽司。豆渣像醋飯一樣，顆粒之間不會黏在一起，要用豆渣來捏製握壽司需要很高超的技巧。據說如果能熟練地用豆渣捏出握壽司，接下來用醋飯捏製就會覺得容易多了。如果壽司餐廳附近剛好有豆腐店，壽司店就會一大早去跟對方討豆渣，還有一些鄉土壽司在製作時也會用豆渣來代替壽司飯。

相關詞 阿滿壽司（p.63）、丁香魚壽司（p.83）

豆渣

固定套餐 <ruby>お決まり<rt></rt></ruby>

壽司餐廳裡點餐的方式之一，通常分成「高級握壽司」、「特級握壽司」、「松·竹·梅」幾個等級。套餐內容與價格都是事先訂好，大約在2000～5000日圓之間。

相關詞 個人喜好（p.61）、無菜單（p.63）

我要竹套餐。

好的！竹套餐！

個人喜好 <ruby>お好み<rt>この</rt></ruby>

壽司餐廳裡點餐的方式之一，想吃哪些魚料，直接告訴師傅，請對方現做。

相關詞 固定套餐（p.60）、無菜單（p.63）

> 麻煩先從白肉的生魚片開始。啊，今天還想吃貝類。

> 好！

> 生魚片就切橫濱鰈吧！貝類呢，今天進的血蛤品質不錯唷！

押壽司模型 <ruby>押し型<rt>お　がた</rt></ruby>

製作押壽司的木製模具，現在也有塑膠材質。又稱為壽司模型、押壽司盒等，並根據各種用途有不同長寬比例的類型，這類使用壽司模型製作的壽司統稱為「箱壽司」。為了防止醋飯飯粒黏著，押壽司模型在使用前要先泡水，使用時用沾溼的棉布擦拭。此外，如果能鋪一片切成模型尺寸大小的一葉蘭葉片（p.165）看起來就更漂亮。

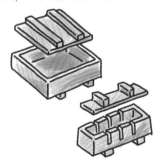

押壽司 <ruby>押し寿司<rt>お　ず　し</rt></ruby>

把醋飯和魚料塞進模型，從上方加壓製作而成的壽司，也稱作箱壽司。除了用青花魚做的押壽司 *、星鰻押壽司等日本全國都見得

到的押壽司之外，還有各地的鄉土特色料理。此外，現在另有很多費工精心製作出類似蛋糕的押壽司，種類五花八門。

* 譯註：名稱叫 battera，來自葡萄牙語，原意是小船。指醋飯和魚料塞入木盒裡的一種押壽司。

押拔壽司 <ruby>押し抜き寿司<rt>お　　ぬ　　ず　し</rt></ruby>

香川縣的鄉土料理，將壽司飯塞入扇子或葫蘆狀的模型，鋪上紅燒香菇、蜂斗菜，再鋪上一層壽司飯，上方擺滿醋漬土魠魚、蠶豆、蛋絲等配料後，最後做成押壽司。

新香卷 <ruby>お新香巻き<rt>しん　こう　ま</rt></ruby>

又稱為蘿蔔乾卷，把醃漬的蘿蔔乾切成絲，拌入白芝麻做成的海苔細卷。如果再加入紫蘇，口味就變得很清爽。

壽司達人 <ruby>お寿司<rt>す し</rt></ruby>の<ruby>達人<rt>たつじん</rt></ruby>

① 經營壽司餐廳的 Android/iPhone 遊戲 APP，屬於養成型的遊戲，內容從食材調度、菜單開發、壽司餐廳內的販售、行銷，到擴大營業。

② TBS 電視節目「星期三的 DownTown」中的單元，從 2016 年開始播放。遊戲模仿「太鼓達人」的形式，挑戰者從配合樂曲敲打太鼓變成吃掉輸送帶上的壽司，能夠持續到樂曲結束且吃完壽司的就挑戰成功。

御手許 <ruby>お手許<rt>て もと</rt></ruby>

這是行話（p.168），故意把筷子稱作御手許（意思是就放在手邊）。最早是風月場所的用語，因為筷子通常會放在最靠近手邊的位置；另外，因為筷子的日文發音和「端」都是「はし」（hashi），代表終結的意思，不太吉利，所以才會用「御手許」來稱呼。

odori おどり

用活明蝦製作的握壽司，直到捏製之前都是活跳跳的蝦放上醋飯後，在仍跳動的狀態下食用。

大姐 <ruby>お姐<rt>ねえ</rt></ruby>さん

在築地市場工作的女性，無論年紀一律稱呼「大姐」。

築地舊市場中盤商區一角

飯桶 おひつ

木質有蓋子的壽司桶，用來盛裝製作好的醋飯。木材會吸收多餘的水分，可保持醋飯的最佳狀態。

魚蝦鬆 おぼろ

將生的蝦（主要是沙蝦）或白肉魚搗碎，用味醂、砂糖、酒、醬油等調味，在鍋子裡迅速攪拌加熱製成。魚蝦鬆的製作是典型的江戶前手法之一，跟握壽司一樣，都是華屋與兵衛想出來的。通常會在小鯽魚或小鯛魚這類醃過醋的魚料與醋飯之間夾一點魚蝦鬆，或是鋪在魚料上方。其他會用在像是魚蝦鬆握壽司、魚蝦鬆海苔卷、海苔太卷或散壽司，作為配料。據說江戶時代有些握壽司用的是在醋飯裡加入碎海苔、香菇、蝦鬆等拌勻後的什錦飯。如果用蛋黃取代鮮蝦，做出來的就是蛋鬆，蛋鬆會用來做「醋蛋鬆」（p.83）。

無菜單 おまかせ

壽司餐廳裡點餐的方式之一，不是由顧客挑選魚料，而是由師傅搭配後以套餐的形式提供。因為一開始師傅會詢問不吃的食材，可以避開不喜歡的東西。一般來說，套餐結束時師傅會告知「餐點都上完了」，如果還有其他想吃的，接下來還能加點。

相關詞 固定套餐（p.60）、個人喜好（p.60）

有沒有什麼不吃的食材？

沒什麼不吃的。

想喝什麼飲料呢？

麻煩給我日本酒。

阿滿壽司 おまん寿司

島根縣石見地區的鄉土料理，用豆渣代替壽司飯。將從背部剖開的竹筴魚用醋醃漬，並且用醃漬竹筴魚的醋來炒豆渣、大麻籽、薑等配料後，用竹筴魚把配料包起來，在上方放重物加壓製作而成。江戶時代在日本橋與京橋之間有使用豆渣做壽司的店家，老闆娘名叫「阿滿」，因為這款壽司大受歡迎，大家就把這間店叫做「阿滿鮓」。由此推測，「阿滿壽司」的名稱由來就是江戶時代的「阿滿鮓」。

用醋醃漬過的竹筴魚

用豆渣來代替 醋飯

蛋包飯 オムライス

用剩下的醋飯來做蛋包飯其實非常好吃，只要用奶油把洋蔥炒香炒軟，用番茄醬調味，最後蓋上軟嫩的蛋就行了。因為有醋又有番茄醬，味道會酸一點，推薦給喜歡酸酸口味的人。如果用完熟番茄代替番茄醬，做出來的口味會更溫和。

用醋飯來做常見的 蛋包飯

重量 <ruby>重さ<rt>おもさ</rt></ruby>

在日本，壽司醋飯的重量約在 10 ～ 20g 之間。愈高級的餐廳通常愈輕，而午餐時段或是外送這類以吃飽為優先考量的，醋飯份量就會比較多。日本以外一些大眾化的壽司餐廳，醋飯重量會更重一些。至於魚料的重量，如果是到達某一個水準的餐廳，還會根據不同魚料而改變重量。比方說，略帶嚼勁的鯛魚或比目魚這類白肉魚會在 10g 以內，肉質軟嫩的鮪魚或鮭魚則在 12 ～ 14g 之間。據說開始有握壽司的江戶時代，握壽司尺寸大約是現在的兩倍，一貫差不多有 45g 重。

鮭魚 13g
醋飯 13g
一貫 26g

小玩具

©LAY UP

OH！壽司遊戲 <ruby>OH! 寿司ゲーム<rt>おー すし</rt></ruby>

塑膠材質做成的握壽司，四十八個為一套的小玩具。魚料有鮪魚、花枝、鮭魚、竹筴魚等八種積木，共有十種玩法，比方一般熟知的疊疊樂。

扭蛋 カプセルトイ

壽司外型的扭蛋玩具，「久等啦！來當壽司師傅」是一種可以模擬捏製握壽司的玩具，捏一球樹脂材質的黏土醋飯，搭配魚料一起捏製就成了握壽司。另外，「壽司隨身包」的扭蛋則是迴轉壽司的壽司圖案隨身包（2018 年發售）。

©Yell World ©EPOCH 株式會社

©T-ARTS

超級握壽司
我家就是迴轉壽司吧
超ニギニギ おうちで回転寿し

讓家中餐桌化身迴轉壽司吧的玩具,組好
軌道之後,玩具小船就能拖著軌道上裝著
壽司的盤子跑。盤子上的壽司也做得很精
緻,是一款能在玩樂中激發潛力的玩具。

＊廠商已停產。

沉睡壽司 ねてますし

手機遊戲,「沉睡壽司」是沒人要吃、無
法超渡成佛的殘缺可憐壽司。遊戲的設定
是要培養這些沉睡壽司成為完整的壽司,
希望有一天能讓人吃掉。變成真正的壽司
之後就會有妖怪來吃掉,這些壽司就能超
渡成佛。

壽司大集合
とびだせ！おすし

家庭用的壽司捏製工具,只要把飯塞進框
框,從上方稍微按壓一下,放上魚料再放
上押製模型,一下子就能做好放在木屐壽
司盤上的十貫壽司,廣受一家大小歡迎。

© 株式會社　曙產業

©PlatinumEgg Inc., HARAPECORPORATION Inc.

師傅 _{親方}おやかた

壽司餐廳的負責廚師通常會稱「師傅」，如果同時是經營者，也可以稱呼「老闆」（ご主人）。一般來說，有徒弟的店家會稱「師傅」，至於很常聽到的「大將」其實並不恰當，但很多廚師並不介意。

大盤商 _{卸売業者}おろしうりぎょうしゃ

商品流通過程中，介於製造、收穫（生鮮食品）與零售商之間，進行銷售的行業。銷售生鮮食品以外的業者也稱批發商，藉著將採購的商品分成零售業者可以販賣的小單位份量銷售獲利。至於海鮮類的流通，則是大盤商向漁業產地的出貨業者採購，或是接受委託收購水產品，之後分成小批次賣給中盤商（p.152）。

磨泥板 _{おろし金}がね

磨山葵、蘿蔔、薑、柑橘皮的工具，有各種材質，像是不銹鋼、鋁製、陶瓷等。

點心 _{おやつ}

現今握壽司的定位是中餐或晚餐的主餐，但過去也有人把握壽司當作「三餐之外的餐點」。就像是有點餓的時候填肚子的飯糰，或是配茶的茶點。有些文獻中記載，華屋與兵衛（p.162）的壽司可能因為使用大量的魚蝦鬆，味道吃起來像甜點，還有人把握壽司當作點心吃。

溫度 _{溫度}おんど

表現冷熱程度的數值，握壽司是由醋飯與魚料組成，但注重溫度的壽司餐廳會在供餐時考量每種魚料適合的溫度，壽司上桌讓顧客入口時不會感覺醋飯過熱或過冷。尤其是油脂較多的魚種，在適當的溫度下油脂才不會在捏製時融化，而是等到吃進口中才融化。

採購 <ruby>買出人<rt>かいだしにん</rt></ruby>

到市場負責採買進貨的人，編制的規模各有不同，也有不少壽司餐廳是由師傅親自到市場挑選魚材。

迴轉壽司

史上首次出現的迴轉壽司店，是 1958 年 4 月在東大阪市開幕的「迴轉元祿壽司 1 號店」。之後元祿壽司在 1970 年於大阪舉辦的世界博覽會中擺設攤位，還獲得優良餐飲店家的表揚，一舉提升全國性的知名度。1962 年取得的「輸送帶迴轉式餐台」的實用新案，因為在 1978 年使用權利期滿，開始有一些已成為大規模的集團進入業界，現在世界各地都有採用類似系統的壽司餐廳。

E 型軌道 <ruby>E<rt>じー</rt></ruby>レーン

迴轉壽司的輸送帶軌道呈現 E 字型，最初是由「藏壽司」開發的系統。用牆壁把廚房和座位分開，除了不會讓顧客直接看到廚房，也方便配置對坐型的座位。

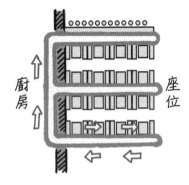

O 型軌道 <ruby>O<rt>おー</rt></ruby>レーン

迴轉壽司的輸送帶軌道呈現 O 字型，最初出現的迴轉壽司餐廳其實都是這種型式的軌道。師傅會站在軌道內側，面對面招呼顧客，這也是最接近傳統吧台座位壽司餐廳的形式。

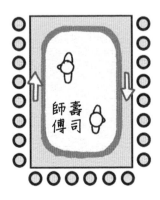

自動洗盤機 <ruby>自動皿洗浄機<rt>じどうさらせんじょうき</rt></ruby>

為了清洗迴轉壽司餐廳大量使用過的餐盤而設計的自動設備，機器會將堆積在左側的盤子，自動一個個移到設備內清洗、烘乾，然後移到右側堆疊起來。其他還有從自動洗盤機接過盤子之後可以先浸泡的水槽，以及將洗淨的盤子依照顏色分類的設備，組合起來就能讓洗盤子流程自動化。

鮮度管理系統 <ruby>鮮度管理システム<rt>せんどかんり</rt></ruby>

迴轉壽司餐廳裡，在軌道上停留一段時間的盤子會自動報廢的系統，藉此保障供應給顧客的壽司都是新鮮的。1997 年，藏壽司開發了一套系統，在盤子底部安裝 QR 碼，通過感應器時系統會自動將已經在軌

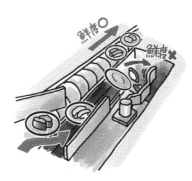

道上一段時間的盤子報廢，到了 1999 年更進一步提升到晶片管理。現在有很多迴轉壽司餐廳引進類似的系統，大多是以在軌道上 30 ～ 40 分鐘，通行 350 公尺等標準下，自動將壽司報廢。另一方面，現在有些迴轉壽司餐廳不會預先將壽司放上軌道，而只會放顧客點用的品項，這類的迴轉壽司餐廳就不需要這套系統。

鮮度君 <ruby>鮮度くん<rt>せんど</rt></ruby>

為了保持壽司新鮮，避免接觸細菌或灰塵，用來蓋在盤子上的圓頂狀透明蓋。迴轉壽司餐廳「藏壽司」使用的就叫做「鮮度君」，盤子與鮮度君交界處留有可以伸進手指的空隙，從空隙處抓住盤子，上蓋即打開，就能取下盤子。日本在 2011 年引進之後，藏壽司的美國分店 Kura Sushi 也採用，而且另外取了「Mr. Fresh」的名字。其實日本從以前就會使用保鮮蓋，但基於有損壽司的賣相，或是蓋子本身不衛生等原因，這幾年在引進鮮度君之前就愈來愈少看到了。只是，在外國的迴轉壽司餐廳，蓋上保鮮蓋常是營業的必備條件之一，使用保鮮蓋仍然很常見。

特快車軌道 特急レーン

另有「點餐軌道」的別名，這是將點餐之後才製作的壽司送到顧客面前的專用軌道，有別於一般的迴轉軌道，設置在大約顧客眼前的高度。相對於一般軌道秒速為 4 公分，特快車軌道最快可以達到秒速 1 公尺，而且列車設計成可以放兩盤或四盤壽司。盤子有些會仿效木屐壽司盤的外型，或是廣受兒童喜愛的新幹線及特快車列車外型。有些餐廳將迴轉軌道全面改成兩到三層的特快車軌道，這樣可以加快顧客的迴轉率。

＊咻咻

輸送帶 ベルトコンベア

迴轉壽司餐廳使用的輸送帶，最初開發的靈感來自啤酒工廠。一般常見的迴轉壽司輸送帶是採順時鐘繞行，速度為秒速 4 公分。據說是能讓顧客確認壽司內容之後，伸手拿下盤子等一連串動作最理想的速度。除了在店鋪內設置的形式，也有外燴、

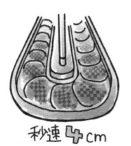

秒速 4cm

出租用的小型款。這套系統在日本只見於迴轉壽司餐廳，但在日本以外的國家，光是把食物放上輸送帶就令人覺得有趣，例如巴黎的迴轉法國料理餐廳，就是把壽司之外的食物放上輸送帶。

右側迴轉 右回り

迴轉壽司的軌道多半採取右側迴轉，這是因為多數人都是用右手拿筷子，這麼一來就能方便在拿著筷子時用左手拿盤子，拉長判斷的時間，再加上多數人的慣用眼都是右眼，採取右側迴轉是很實際的做法。然而，偶爾仍有配合店內配置，採取左側迴轉的方式，兩種迴轉形式的軌道都實際存在。

機器人 ロボット

製作壽司專用的機器人，是由鈴茂器工株式會社於 1981 年首次在全球推出。從一開始製作醋飯球的機器人，到現在已經有海苔卷機器人、壽司反卷機器人、海苔卷切割刀等等，各式各樣的機器人在壽司業界大放異彩。

壽司飯

解凍 <ruby>解凍<rt>かいとう</rt></ruby>

比較常冷凍保存的壽司魚料有鮪魚、鮭魚、青鮒幼魚等這些大型魚，但如果吃到那種溼溼爛爛，或是乾癟癟、口感很差的魚料，絕大多數都不是魚本身的問題，而是先前保存的狀態，問題尤其可能出在解凍技術上。和冷凍的過程不同，解凍作業無法以機械自動處理，很容易受到人為技術影響。

【整塊鮪魚的解凍方法】

把冷凍鮪魚泡在 40 度 C、鹽分濃度 3%（與海水相同）的溫水裡 1～2 分鐘，然後用水迅速沖洗一下。接著用廚房紙巾把水擦乾，再用另一張乾淨的廚房紙巾把鮪魚包起來，放到調理盤上用保鮮膜把整個調理盤包起來，放進冰箱解凍。解凍的時間會因為魚塊大小而不同，有的要花上幾個小時，但慢慢解凍是很重要的。解凍之後也不能馬上吃，還要花半天到一天的時間熟成才會更好吃。也可以不用溫水，改用冰鹽水，將魚肉裝進夾鍊保鮮袋裡擠出空氣，浸泡在冰水裡 2 小時左右再放進冰箱冷藏，就會更好吃。

裙邊 <ruby>貝ヒモ<rt>かい</rt></ruby>

通常講到裙邊指的是血蛤的裙邊，剝掉外殼之後，搓鹽去除黏膩，再擦乾水分。北寄貝、牛角蛤等血蛤之外的貝類裙邊，也是同樣的做法。裙邊可製作出只用裙邊的握壽司，或是有海苔的握壽司、軍艦卷，也可以加小黃瓜做成裙邊小黃瓜卷（p.166）。如果不做壽司，還可以生食，或用酒蒸、奶油燒烤、串燒、拌山藥泥等，三兩下就能變身為美味的下酒菜。

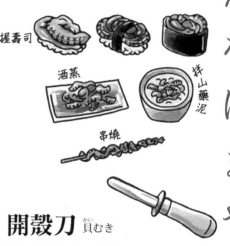

握壽司

酒蒸　拌山藥泥

串燒

開殼刀 <ruby>貝むき<rt>かい</rt></ruby>

將貝肉從貝殼中取出來的工具，沿著貝殼撬開，還可以在不傷到貝肉而取下貝柱。

牡蠣 <ruby>牡蠣<rt>かき</rt></ruby>

冬季盛產的長牡蠣

夏季盛產的岩牡蠣

- 日 マガキ
- 別 エゾガキ、ナガガキ
- 英 Pacific oyster
- 産 12～3月

冬季有長牡蠣，夏季有岩牡蠣。牡蠣握壽司因為含有較多水分，不趕快吃掉就會讓整貫壽司塌散。如果用小火稍微加熱，再放入加了調味料的湯汁中醃泡再捏製成握壽司，就能讓水分和甜味都完整鎖住。

あ
か
さ
た
な
は
ま
や
ら
わ

柿葉壽司 <ruby>柿<rt>かき</rt></ruby>の<ruby>葉<rt>は</rt></ruby><ruby>寿司<rt>ずし</rt></ruby>

石川縣、奈良縣、和歌山縣的鄉土料理，石川縣的做法是把壽司飯以及醋漬魚料放在柿葉上，並在上方蓋上柿葉熟成一晚。另一方面，奈良、和歌山則是在捏好的壽司飯上鋪魚料，用柿葉包起來之後再用重物加壓，熟成一晚。柿葉含有豐富的單寧（多酚的一種），具有殺菌、抗氧化作用，很適合長期保存，加上具有能讓蛋白質凝固的作用，可以讓魚肉更結實。這在過去是熟壽司的一種，而且會在魚料上加比較多的鹽，現代因為減鹽的關係，還是要趁早吃掉。

切痕 <ruby>隠<rt>かく</rt></ruby>し<ruby>包丁<rt>ぼうちょう</rt></ruby>

遇到花枝、鮑魚這類肉質比較厚實的種類，會在魚料上用刀具劃幾道切痕，主要目的是方便咀嚼。在魚料上劃幾道切痕之後，經過炙燒或汆燙，有時候壽司外型會變得更美，也達到了裝飾切痕的目的。

裝飾切痕 <ruby>飾<rt>かざ</rt></ruby>り<ruby>包丁<rt>ぼうちょう</rt></ruby>

為了讓握壽司看起來更美，或是方便魚料沾上滷汁、甜醬汁（p.145），而在魚料上用刀刻劃的切痕。有時候因為裝飾切痕的刀法不同，會讓同樣的魚料看起來像是截然不同的壽司，在視覺上也是一大享受。

圖案壽司卷 <ruby>飾<rt>かざ</rt></ruby>り<ruby>巻<rt>ま</rt></ruby>き

在太卷壽司裡使用各種色彩的配料，像是粉紅色的魚蝦鬆、橘色或綠色的飛魚子、紫色的紫蘇粉等，拼湊出季節花朵或動物圖案的壽司卷。主題繁多，從節分的鬼怪、女兒節娃娃、鯉魚旗等日本傳統節慶，到麵包超人、哆啦A夢、小小兵等動畫角色，還有萬聖節的南瓜、耶誕節的耶誕老人等，形形色色。有些甚至已經超越食物的領域，堪稱藝術作品。

煎蛋卷　起司魚板　海苔粉 or 綠色飛魚子　紫蘇粉 or 魚蝦鬆

春子鯛 <ruby>春子鯛<rt>かすごだい</rt></ruby>

鯛魚、赤鯮、黃鯛的幼魚，都叫做春子鯛。其中因為赤鯮的魚肉帶著明顯的紅色，可以捏出很漂亮的握壽司。由於肉質軟嫩、水分較多，一般會先用醋或夾昆布漬過，半片魚可以捏出兩貫壽司。魚鱗和魚骨都很硬，加上體型小，備料時要花費一番工夫，但這是

江戶前壽司典型的亮皮魚魚料。從醃漬的手法、魚皮的處理（會連皮一起使用）、搭配什麼樣的佐料，都考驗著師傅的技巧。至於典型的江戶前手法，會將魚料先用醋醃過，捏製壽司時在魚料與醋飯之間夾一層魚蝦鬆（p.63）。

單戀 <ruby>片想い<rt>かたおも</rt></ruby>

壽司餐廳的行話（p.168）中，單戀指的就是鮑魚。鮑魚是軟體動物腹足綱的一種，由於長成扁平狀，乍看之下像是兩片貝殼少了一片，於是戲稱作單戀。

鰹魚 <ruby>鰹<rt>かつお</rt></ruby>

日	カツオ
別	スジガツオ、マガツオ
英	Bonito
產	4〜6月、9〜11月

春天在太平洋北上的鰹魚叫初鰹，秋天南下、油脂豐厚的稱為返鰹，一年有兩次產季，並有不同的迷人風味。江戶人喜歡初鰹，甚至還有「就算賣了老婆也要嚐初鰹」的川柳名句，可見初鰹價格雖然高昂，還是引起大眾爭相品嚐。初鰹有一股清新的甜味，以燒霜手法（p.192）處理之後，很適合搭配鹽和柑橘。另外，還有這句川柳，「拿著磨棒磨山葵泥配初鰹」，可知搭配山葵泥也很美味。返鰹則帶了油脂，有人說腹肉吃起來跟鮪魚腹肉差不多。直接捏成握壽司當然好吃，事先醃過更能帶出鰹魚的鮮美。鰹魚通常出現在太平洋，但偶爾會不小心迷路進入日本海一側，秋天有時候在對馬或冰見

一帶會捕撈到混在青魽裡的鰹魚，稱作「迷鰹」。油脂豐厚，同時又在水溫較低的海中使得肉質紮實，要是有機會碰到這樣的魚料實屬幸運。

柴魚片 <ruby>鰹節<rt>かつおぶし</rt></ruby>

輕飄飄的現削柴魚片香氣濃郁，大量包進手卷裡，雖然簡單，卻能品嘗到鮮美鰹魚與醋飯搭配起來的細緻口味。此外，百搭的柴魚片還能加入小黃瓜卷、納豆卷，增添變化；也可以當作蔬食壽司（p.172）的配料，和茄子、油菜花、蘿蔔嬰等一起捏成握壽司，非常好吃。看到這裡如果覺得「好像很好吃」的人，下次做壽司卷時記得準備蘿蔔嬰和柴魚片；另一種推薦的吃法是做海苔卷時使用大片柴魚薄片來取代海苔。至於在壽司餐廳，除了用在高湯，還會加在熬煮醬汁（p.155）、煎酒（p.50）中增添風味，或是加到調合醋裡提味。

大片的柴魚薄片
柴魚薄片
鮪魚
蘿蔔嬰
柴魚片

河童 <ruby>かっぱ<rt></rt></ruby>

壽司餐廳裡的行話（p.168），指的是小黃瓜。據說小黃瓜是河童最喜歡的食物，除此之外切成圓片的小黃瓜也很像河童頭頂上的圓盤。

小黃瓜卷（河童卷）

かっぱ巻き

用半片海苔卷小黃瓜的細卷，最傳統的做法是將一根小黃瓜縱切成六等分來卷，但現在有了各種變化，像是切細的小黃瓜絲，或是加入白芝麻和紫蘇。有的餐廳使用的小黃瓜絲比醋飯還多，吃起來口感跟其他壽司不同，倒也新鮮有趣。一般來說，一卷河童卷會切成六等分裝盤。據說第一間開發出河童卷的餐廳，是大阪·曾根崎的甚五郎。

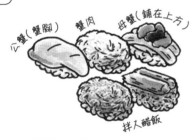

鐵串 金串（かなぐし）

金屬材質的食物串，在壽司餐廳也稱為魚串，一般使用的是切面成圓形，長 30 公分左右的長鐵串。像鰹魚這種魚皮富含鮮味，卻不容易直接生食的魚種，會先以燒霜手法（p.192）處理，這時就會用鐵串刺入魚肉，把魚肉撐直，才能炙燒得均勻。此外，如果要預防魚皮加熱時破掉，可先用鐵串在魚皮上刺幾個小洞。加熱明蝦等鮮蝦時，也會用鐵串貫穿頭尾，這麼一來蝦子就不會因加熱而彎曲，這種手法稱為拉直串。

先在魚皮上刺幾個小洞

蟹

公蟹（蟹腳）　蟹肉　母蟹（鋪在上方）

拌入醋飯

捏出豪華握壽司，母蟹則可用蟹膏、蟹黃和蟹卵來製作口味濃醇的握壽司，在味道上截然不同。使用生鮮蟹腳做握壽司時，通常會使用湯霜手法或是浸泡冰水讓蟹肉紮實。彈牙的口感與鮮美的甜味，令人印象深刻。有時候也會將蟹腳用鹽水燙過，或是把蟹肉剝下來做成握壽司。使用母蟹的話，有時候很簡單在握壽司上放一塊蟹腳肉，或是再加上蟹膏、蟹卵，不過要讓蟹腳看起來漂亮並不容易。因此，有時候會將剝下的蟹腳肉拌入蟹膏或蟹卵後再捏成握壽司，另一種做法是把蟹膏、蟹卵拌進醋飯，上方放一塊蟹腳肉的握壽司。

松葉蟹 頭矮蟹（ずわいがに）

- 日 ズワイガニ
- 別 オス：エチゼンガニ、マツバガニ、ヨシガニ、タイザガニ
  メス：メガニ、オヤガニ、コッペガニ、コウバコガニ、セコガニ、セイコガニ、クロコガニ
- 英 Snow crab
- 產 11〜1月（雌）、11〜3月（雄）

松葉蟹的公蟹和母蟹大小差很多，加上有些地方對於品質超過一定規格者還會加上品牌名稱，因此就算同樣是松葉蟹也會有不同名字。公蟹可以使用比較大的蟹腳

鱈場蟹 鱈場蟹（たらばがに）

- 日 タラバガニ
- 別 アンコ（小さいもの）、クラッカ（非常に小さいもの）
- 英 Red king crab

外殼達 20 公分，加入蟹腳可長達 1 公尺的大型蟹。口味濃郁，通常會用燙熟的蟹

螃蟹洞　カニの穴

煮得好吃的白飯，表面會出現一個一個小洞，因為類似沙灘上螃蟹排放海水的小洞，因此稱作螃蟹洞。這樣的小洞能讓米粒在煮飯時一顆顆立起來，熱水對流之下，蒸氣從鍋底朝上方穿過。大家常說「厲害的壽司餐廳就是連醋飯都好吃！」想必剛煮好的白飯表面上也會出現螃蟹洞吧。

煮出好吃的飯囉

肉來做握壽司。其實生鮮鱈場蟹稍微燙一下就非常好吃，但餐廳在考量成本以及顧客迴轉率之下，沒有多少地方能提供生鮮鱈場蟹當作壽司魚料。目前日本國內流通的有95%都來自進口，日本當地則在北海道捕撈得到。鱈場蟹脫皮的時期在2～3月或12～1月，剛脫皮完的肉質不佳，等脫皮完一段時間後，肉質紮實才是最好吃的時候，在這個時期捕撈的鱈場蟹，要挑快要脫皮的來吃。每年三月中因為流冰的關係無法出海，到了4～6月的產卵季有些地方則明令禁捕。日本人一到冬天就想吃蟹，因此螃蟹的價格每到冬季就會上漲，但若在夏季到秋末這段時期，不僅價格合理，品質也穩定，可以吃到很美味的鱈場蟹。

鹿子格紋　鹿の子

因為類似小鹿背上的斑點花紋，因此叫鹿子格紋，壽司餐廳會特別在魚料上用裝飾切痕劃出這樣的格紋，這項技巧尤其常用在花枝或竹筴魚上。如果劃出鹿子格紋的裝飾切痕時劃得比較深，就能讓切得比較厚的竹筴魚片在保留嚼勁下又好入口。

蕪菁壽司　かぶら寿司

舊加賀藩地區，現在的石川縣、富山縣一帶的鄉土料理。在蕪菁片上劃一刀，夾入青鰤、紅蘿蔔之類的配料，經過發酵後做成的飯壽司（p.49），到現代仍會當作年節料理食用。雖然名為壽司，因為蔬菜的占比很高，實際上更接近醬菜。有些地方會用青花魚、鮭魚、鰤魚碎肉代替青鰤，或是用蘿蔔代替蕪菁。總之都是先個別用鹽醃過，然後用蕪菁夾著魚肉和蔬菜，加上米麴熟成幾天製作而成。

梭魚　魳

🗾 アカカマス
🔤 Barracudas
産 9～12月

因為含水量比較多，通常會先用鹽或鹽加醋稍微醃過之後才做成握壽司。魚皮帶的油脂很吸引人，所以料理時會帶皮炙燒。如果捏好壽司才炙燒會造成魚肉反卷，所以會在片好、醃漬過的狀態下先行炙燒，然後才切成捏壽司的魚料。尤其秋季到冬季這段期間油脂特別豐厚，稱為霜降梭魚。很適合搭配熬煮醬汁，或是鹽和柑橘。

上方壽司 <small>（かみがたずし）上方寿司</small>

也就是大阪壽司，江戶時代天皇居住在京都，因此以京都為中心的近畿地區就稱為上方。相對於在江戶誕生的握壽司叫做江戶前壽司，在上方地區製作的箱壽司就稱為上方壽司。

唐子 <small>（からこ）唐子</small>

做中國風裝扮或髮型的兒童就叫做唐子，鮮蝦加熱時不先以拉直串（鐵串 p.74）處理，而是從頭朝尾巴剖開之後捏製成握壽司，因為這時蝦的外觀跟唐子的髮型很像，被稱為唐子壽司。有時候會用醋蛋黃醃漬後，再加上醋蛋鬆（p.83），或是用稍微濃的醋醃過後加上甜味魚蝦鬆，這些都是傳統的江戶前手法。

好好吃的唷！

魚蝦鬆香香甜甜，

薑片 <small>ガリ</small>

「ガリ」（Gari）這個字已經深入日常，大家可能不會特別認為是行話（p.168），但其實只有壽司餐廳才會用這個說法稱薑片。據說是因為吃起來脆脆的聲音，或是類似剝掉外皮的聲音，才會有這個稱呼。通常壽司

餐廳裡的薑片都是免費提供，但如果購買日本國產的新生薑用甜醋醃漬，其實成本非常高。當然，有些店家會使用現成的市售業務用大包裝甜醋醃薑片。由於甜醋的味道每間店各有不同，有些店家為了不讓薑片影響壽司的味道，甚至會減少醃漬的糖量。如果是用甜醋醃薑塊的餐廳，上握壽司之前會切好一人份的薑片供應顧客。因為薑含有辛辣成分薑油、薑酮、薑酚，具備殺菌作用並能刺激胃部，由此可知，生食魚肉時搭配薑作佐料是很有道理的。

加州卷 <small>カリフォルニアロール</small>

反卷海苔壽司的一種，裡頭的配料有蟹味棒、小黃瓜、酪梨、芝麻、美乃滋，外側則是沾滿飛魚子。原始版本出現在美國洛杉磯的餐廳「東京會館」，另一個說法則是來自加拿大溫哥華的餐廳「Tojo's」的 Tojo roll，但現在多了各式各樣的變化，而且世界各國都吃得到。從加州卷到龍卷（p.150）、蜘蛛卷（p.126），各類卷壽司陸續誕生，這幾年連日本也開始有一些專門販賣各種卷壽司的餐廳。

石鰈 石鰈
_{いしがれい}

- **日** イシガレイ
- **別** イシモチ
- **英** Stone flounder
- **產** 7～10月

石鰈和橫濱鰈都是夏季的鰈魚，價格卻比較便宜。體表沒有鱗片，但有顏色的一側長了魚鱗變形的石片，調理之前要先去除。此外，魚皮上帶有強烈的氣味，處理時就得先抹鹽，把氣味消除乾淨。

星鰈 星鰈
_{ほしがれい}

- **日** ホシガレイ
- **別** ヤマブシ、モンガレ
- **英** Spotted halibut
- **產** 9～2月

冬季的鰈魚，魚鰭和白色一側的體表上有黑色斑點，因而稱為星鰈。非常美味，又是高級魚材，通常不會出現在中盤商的店鋪，而是事先就有人預訂，就算到了魚市場也未必能輕易找到。

橫濱鰈 真子鰈
_{まこがれい}

- **日** マコガレイ
- **別** アマテ、クチボソ、シロシタガレイ、マコ
- **英** Marbled sole
- **產** 6～10月

用來當作壽司魚料的話，屬於夏季鰈魚。

不過冬季會有卵，做成紅燒魚的話，冬季也好吃。通常在冬季的比目魚季節結束之後，就進入夏季的橫濱鰈產季，可以交替使用。在魚市場會看到一尾 300 公克左右、體型較小的的魚，但如果是做壽司，則要用 1 公斤左右的體型。有時候價格會高到買不下手，因此在夏天要是發現品質好的千萬別放過。鮮味、甜味都很強烈，香氣也很棒。推薦一次用多種吃法，像是搭配鹽及柑橘、熬煮醬汁、沾柑醋，用昆布漬等，可以評比各種口味。

黑條鰈 松皮鰈
_{まつかわがれい}

- **日** マツカワ
- **別** タカノハ、ヤマブシガレイ、ムギガレイ
- **英** Barfin flounder
- **產** 10～1月

黑條鰈和星鰈同樣是冬季的高級鰈魚，因為魚鱗較硬，乾燥的狀態很像松樹樹皮，日文名稱為「松皮鰈」。魚鰭上貌似虎斑的直條紋，是牠的特徵。從直條紋生長的狀態可以判斷是天然或養殖，但目前市面上幾乎都是採卵孵化後放流幼魚，或是養殖。1970 年代野生黑條鰈數量驟減，之後才建立起放流的技術。鮮味濃郁，肉質肥厚 Q 彈，是吃起來很有嚼勁的白肉魚。魚肝也很好吃，通常會放在握壽司上，或是涼拌。

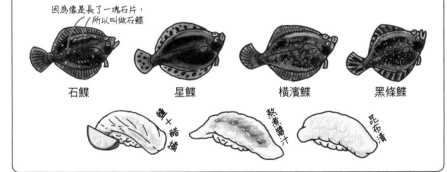

因為像是長了一塊石片，所以叫做石鰈

石鰈　星鰈　橫濱鰈　黑條鰈

garage ガレージ

壽司餐廳的行話（p.168），意思是蝦蛄。因為蝦蛄的日文發音跟「車庫」相同，進而用同義的英文 Garage 來稱呼。

皮岸 _{かわぎし} 皮岸

鮪魚魚皮和魚肉之間可用湯匙刮下來的油脂，因為油脂會很快氧化，不夠新鮮的鮪魚是吃不到這部分的，一般會做成軍艦卷。

相關詞 刮取（p.156）

皮霜 _{かわしも} 皮霜

魚皮和連著皮的魚肉特別好吃，但如果生食時魚皮比較硬，或是有腥味的魚種，就會特別針對魚皮附近加熱，方便食用，這項技巧就稱為「皮霜」。分成用熱水淋上魚皮，或是直接用火炙燒魚皮兩種方法，前者叫做湯霜或淋熱水（湯引）（p.193），後者則是燒霜（p.192）。此外，經過皮霜處理的魚稱為「皮霜生魚片」（皮霜造り），而鯛魚這類的魚皮因為加熱後外觀如松木紋路，會稱為「松皮生魚片」（松皮造り）。以壽司魚料來說，鯛魚、土魠魚、金目鯛、鰹魚、黑喉等都常做成皮霜生魚片。

剝皮魚 _{かわはぎ} 鮍

日 カワハギ
別 ハゲ、ハギ、ウシヅラ、カワムキ
英 Thread-sail filefish
產 7～12月

長得不怎麼樣，又沒有鱗片，乍看之下會覺

得「不可能好吃」的外觀，但只要一吃就會對牠的美味大感意外。這種魚在水中悠游的樣子搖搖晃晃也很可愛，因為外側的皮可以徒手簡單剝除，才有了「剝皮魚」這個名字。內側的魚皮則得用刀來切除，由於中骨沒辦法用魚刺夾這類工具拔除，必須縱切魚肉，使得利用率（p.168）較低，是唯一的缺點。剝皮魚的魚肝非常美味，通常會在握壽司上加一小塊魚肝，或是拿來拌生魚片、用魚肝搭配醬油做成下酒菜等等，魚肝肥美的秋到冬季是最好吃的時期。

這裡長了長鬚的是公魚，母魚沒有長鬚

魚肝

去皮 _{かわ び} 皮引き

將魚皮取下的作業，日文寫作「皮引き」。多數的魚都能徒手剝除魚皮，如果需要用刀，則分成「朝內」或「朝外」兩種方式。

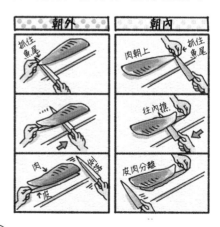

兩者都是從魚尾將柳刃刀自皮和肉之間稱為「銀」的銀色薄皮稍偏外側下刀，如果是右撇子，朝內的方式就是讓魚尾在右側，刀子緊著砧板朝自己身體的方向推過來；朝外的話，就讓魚尾在左側，同樣是用刀子貼緊砧板邊壓邊往外推。要是能完美保留「銀」的部分下剝除外皮，捏出來的壽司會看起來更漂亮。

椪醋魚皮 _{皮ポン酢}

椪醋河豚魚皮是一道壽司餐廳裡常見的下酒小菜，即使沒有河豚，也可以使用鯛魚等白肉魚剝下來的魚皮，經過皮霜的方式加熱處理後切成細絲，拌入椪醋和辣蘿蔔泥一起吃，這麼一來，整尾魚都能充分利用。

貫 _{かん}

計算握壽司的單位，也是在明治時代之前日本傳統使用的尺貫法度量單位，「貫」代表一千枚一文錢的重量，一貫等於 3.75 公斤。到了現代，「貫」一般用在計算壽司數量的單位，但其實不確定是從何時開始使用的，就連為什麼會用「貫」作為計算單位也眾說紛紜，至今尚無結論。接下來說明一下大致的狀況，據說目前能確認到最早出現以「貫」作為單位記錄相關敘述的書籍，是在

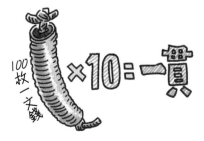

100枚一文錢 ×10＝一貫

1970（昭和 45）年的《壽司之書 增補版》。書中提到，「現在的壽司，米飯太少，所以口中才會留下魚腥味。過去常說『五貫搭鼓棒』，也就是握壽司五貫加兩條壽司卷（鼓棒指的是敲打太鼓的鼓棒，會有兩根）就能吃到你肚子撐。這番話出自「吉野鮨本店」第三代老闆吉野昇雄，並由篠田統（p.108）記錄下來。由此可知過去的一人份是五個握壽司加上兩根壽司卷，非常有飽足感，在每個壽司份量更大的時代，也就是 1945 年到 GHQ（p.105）統管之前，就已經使用「貫」這個單位。然而，吉野昇雄在 1971（昭和 46）年的另一本書中曾提問，是否該以「貫」這個字來代表「Kan」（カン），從這裡判斷出當時「貫」這個單位或許並不是普遍使用。至於比前面提到 1970 年《壽司之書 增補版》更早的書籍，都是用「一只」、「一個」來敘述。或許一開始的單位是「Kan」，之後才在不同的時間點分別使用了漢字。另一方面，根據網站「大眾知識便利筆記」的調查，辭典裡列出「貫」的條目始於 2001（平成 13）年三省堂國語辭典第五版。如果只是因為發音相同所取用的漢字，要找出「貫」所代表的字義或許就沒什麼意義。至於「貫」的由來，很可能是金額或重量。

金額論：有一種說法是江戶前壽司開始販售時，一個壽司的價格是一貫貨幣。不過一貫等於一千枚的一文錢，根據江戶時代的文獻，一個壽司的價格應該更便宜，所以這個道理說不通。此外，用繩子把 100 枚一文錢串起來，叫做「百文差」或是「一緡」、「一結」，也有人認為這是一個壽司的價格。再者，明治、大正時代也有以 10 錢作為一貫的計算方式，有種說法是這和一個壽司的價格相同。如果是百文差或 10 錢相當於實際的壽司價格就說得過去了，但仍沒有確實的證據。

重量論：江戶時代的壽司重量相當於度量的一貫份，或是百文差的重量。但一貫為 3.75 公斤，無論是以一個壽司或是一人份來說，都太重了。百文差的話，含繩子在內用 400

公克來計算，就一個壽司來說還是太重，道理講不通。

箱壽司分割單位論：江戶時代的文獻《守貞謾稿》插圖中，有一幅是將箱壽司分為十二軒（十二份），有人認為是從「軒」（Ken）演變成「Kan」。然而，圖中標示十二軒的地方並不清楚，其實應該是「十二斬」，因此這個說法並不正確。還另有其他說法，像是取「貫」這個漢字的由來等等。

KanKan 壽司 カンカン寿司

香川縣讚岐市的鄉土料理，將醋漬土魠魚蓋在壽司飯上製作的押壽司。因為使用特殊的木製模型，又要用重物加壓，才取了「KanKan」這個名字，好似木槌敲打楔子的聲音。質地非常紮實，直接丟擲給下田工作的人吃，也不會散掉。

鏗鏗

土魠魚

關東大地震 関東大震災

發生在 1923（大正 12）年 9 月 1 日 11 點 58 分 32 秒左右，震央在相模灣西北部，芮氏規模 7.9 的大地震。當時東京大多是木造建築，因為地震引起的火災讓整個城市面目全非。許多江戶前壽司師傅也頓失家園，各自返回故鄉開業，先前幾乎得在東京才能吃到的江戶前壽司，因為這場地震開始普及到日本各地。

紅魽 間八

日 カンパチ
別 アカハナ、カンパ
英 Greater amberjack
產 9～10月

不但是出世魚（p.111），名稱還會因地區不同，有很多稱呼。日文名稱「Kanbachi」，漢字會寫成「間八」或「堪八」，原因來自魚頭上有褐色的八字紋路。紅魽是鰤魚的一種，和青魽、黃尾鰤合稱「鰤魚三寶」。在鰤魚中體型次於黃尾鰤，成魚體長可達 1 公尺。做壽司的話用的是「汐子」，體長大約 30~40 公分。新鮮野生的魚宰殺之後熟成幾天，鮮味會非常濃郁，還帶有清爽的油脂；養殖的話全年口味都不會有太大變化。

瓠瓜乾 干 瓢

壽司餐廳會將瓠瓜乾滷得鹹鹹甜甜，用來做瓠瓜乾卷、散壽司配料，或是綁福袋壽司（p.142）的開口。備料的時候，為了能迅速做出瓠瓜乾卷，一開始就要配合海苔的長度將瓜乾切成一樣長。

相關詞 木津（p.81）

瓠瓜乾卷 <ruby>干瓢<rt>かんぴょう</rt></ruby> <ruby>巻き<rt>ま</rt></ruby>

用半片海苔放入瓠瓜乾做成的海苔細卷，在江戶前壽司中只要講到海苔卷，第一個想到的就是瓠瓜乾卷。其他細卷都會塑成正方形，但瓠瓜乾卷和納豆卷只有下方兩個角會捏得方正，上方是圓頂狀。另外，鐵火卷和河童卷會切成六小段，裝盤時切面朝上；瓠瓜乾卷則是切成四小段，切面朝側邊擺，避免滷汁滲出來。

相關詞 鐵火卷（p.147）、海苔卷（p.158）

黃竹筴魚 <ruby>黄鯵<rt>きあじ</rt></ruby>

在分類上和日本竹筴魚同類，但在竹筴魚之中屬於不會迴游，有些會停留在出生的海域，通常稱為黃竹筴魚或是生根竹筴魚、金竹筴魚等。相對於迴游的竹筴魚身體比較黑，黃竹筴魚則偏黃色調。因為魚獲量少，大多用釣竿釣獲，不容易損傷，屬於高級魚材。黃竹筴魚肉質紮實且含有豐富油脂，在口味上也很明顯略高一級。

其實我只是在同一個地方悠閒生活而已

菊壽司 <ruby>菊寿司<rt>きくずし</rt></ruby>

食用菊花產地青森縣八戶、三戶地區的鄉土料理，將帶著花萼的菊花，放入加了一、兩滴醋的熱水中汆燙，再放進甜醋裡浸泡十分鐘。接著以握壽司的方式，夾一塊鮑魚再加入壽司飯捏成壽司。

沙梭 <ruby>鱚<rt>きす</rt></ruby>

日 シロギス
別 キスゴ、シラギス、アカギス
英 Sillago
產 6～8月

體型小的魚，加上密密覆著魚鱗，備料時有些費工，卻是江戶前壽司典型的魚料。通常會用半片魚捏成一貫壽司，魚料會事先用昆布或醋醃漬過。用昆布醃漬的話，壽司上方會撒點切成碎末的昆布，或是滴一點煎酒。

也有人叫我們「海濱女王」唷。

木津 <ruby>木津<rt>きづ</rt></ruby>

壽司餐廳的行話（p.168），用「木津」代表瓠瓜乾。由來眾說紛紜，有一個說法是因為京都南部的木津是瓠瓜乾的知名產地。

壽司餐廳的行話
產地篇

木津 ⟶ 瓠瓜乾
行德 ⟶ 鹽
谷中 ⟶ 薑
山 ⟶ 竹葉
草（淺草）⟶ 海苔

稻荷壽司（豆皮壽司）日

いなりの日

每個月的 17 日，因為「稻荷」日文發音與「1、7」相近，因此以長野縣長野市為大本營、主要生產銷售稻荷壽司材料的株式會社 Misuzu，將每月 17 日訂為稻荷壽司日，目的是藉此增加大眾食用稻荷壽司的機會。

大阪壽司日 大阪寿司の日

9 月 15 日是大阪壽司日，由於不使用生食食材的大阪壽司對年長者來説可以吃得放心、安全，銷售大阪壽司材料的關西厚燒工業組合便將 9 月 15 日「敬老節」這一天訂為大阪壽司日。

迴轉壽司日 回転寿司の日

11 月 22 日是迴轉壽司日，因為元祿壽司創辦人，也就是打造迴轉壽司系統的壽司師傅白石義明生日是 1913 年 11 月 22 日，元祿產業株式會社就將這一天訂為迴轉壽司日。

青花魚壽司日 鯖寿司の日

3 月 8 日是青花魚壽司日，來自青花魚與「3」、「8」的日語諧音，由滋賀縣長濱市創業百年的老字號壽司餐廳「壽司慶」（すし慶）所制訂。

壽司日 寿司の日

每年 11 月 1 日為壽司日，因為 11 月是新米上市的時期，加上做為壽司料的山珍海味都是這段時間最美味，因此全國壽司商生活衛生同業組合連合會將這一天訂為壽司日。

散壽司日 ちらし寿司の日

6 月 27 日是散壽司日，據説散壽司的出現是因為備前藩主池田光政，因此廣島縣廣島市的散壽司調理食材廠商株式會社 AJIKAN 便將池田光政的忌日訂為散壽司日。

手卷壽司日 手巻き寿司の日

9 月 9 日是手卷壽司日，這是由石川縣七尾市的株式會社 Sugiyo 所訂立，因為製作手卷壽司時「卷起來」這個動作的發音跟 9 相近，訂出手卷壽司日的目的，是希望這一天能全家團聚，一起在家中包手卷壽司吃。

魚之日 魚の日

因為諧音的關係，全國水產物卸組合連合會將 10 月 10 日訂立為魚之日，目的在守護逐漸衰退的食魚文化。

鮪魚腹肉日 トロの日

每月 16 日是鮪魚腹肉（Toro）日，因為「Toro」唸起來和「16」的發音相近，這是由經營迴轉壽司餐廳「河童壽司」的 Kappa Create 株式會社所訂立。

海苔日 海苔の日

2 月 6 日是海苔日，根據大寶律令所示，海苔在過去是當作租税上繳給朝廷，因此全國海苔貝類漁業協同組合連合會便將大寶律令執行日訂立為海苔日。大寶律令的執行日為大寶 2 年 1 月 1 日，換算成西曆則是西元 702 年 2 月 6 日。

鮪魚日 まぐろの日

10 月 10 日是鮪魚日，奈良時代的歌人山部赤人，在 726（神龜 3）年 10 月 10 日走訪兵庫縣明石地區時，曾讚嘆聖武天皇、歌頌捕撈鮪魚的漁夫。因此，日本鰹魚・鮪魚漁業協同組合的前身團體便將這一天訂立為鮪魚日。以下為歌詠的內容：

天皇陛下一統天下，在這打造宮殿的印南野邑美原藤井浦（現在的兵庫縣明石市），捕撈鮪魚的漁船絡繹不絕，海灘上製鹽人來來往往。美麗的海岸多釣客，美麗的沙灘上多鹽工。天皇陛下經常駕臨其來有自，真是美好清靜的沙灘吶。

丁香魚壽司 きびなご寿司

高知縣宿毛市的鄉土料理，用豆渣代替壽司飯來製作。豆渣和薑一起煎過後，加入剝散的青花魚肉拌勻炒香，再放入豆漿、醋、砂糖、鹽、酒、淡色醬油調味之後，捏成丸子。在丸子上鋪一片手撕（p.147）後經過醋漬的丁香魚，類似手毬壽司的捏法。

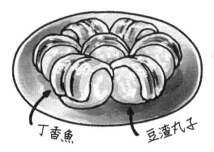

丁香魚　　豆渣丸子

醋蛋鬆 黃身酢おぼろ

只用蛋黃，或是蛋黃比例較高的話，炒出來的就叫蛋鬆，如果在蛋鬆裡加入甜醋，就叫做醋蛋鬆。醋蛋鬆通常會用來醋漬壽司魚料，因為使用的是甜醋，加上醋又是從蛋黃慢慢滲入，吃起來會比一般的醋漬（p.124）口味溫和一些，用醋蛋黃來漬春子鯛（p.72）或熟明蝦（p.57）就是最典型的江戶前手法。

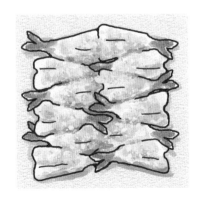

造型便當 キャラ弁

一般的造型便當是指內含動漫人物造型或交通工具形狀的便當，但壽司造型便當有兩種，一種是在稻荷壽司上撒乳酪，或是做成圖案壽司卷（p.72）；另一類是把配菜放在飯上，再用一條海苔包起來，做成「擺起來像壽司」的形式。後者並沒有使用壽司飯，嚴格說來不算壽司，但因為運用了壽司能同時讓飯和配菜一次入口的優點，是非常方便的便當。

久兵衛 久兵衛

廣為人知的銀座超高級壽司名店，1935（昭和10）年由今田壽治創業。除了日本國內的名人，美國前總統柯林頓、歐巴馬等海外重量級政要，也都曾是座上賓。歷經第二代今田洋輔，目前由第三代今田景久當家，沒有拓點到國外，但在銀座有兩間餐廳，東京都內的飯店裡也有五間分店。雖為高級壽司餐廳，但標價清楚，而且不會拒絕生客，一般人也能入門挑戰。久兵衛的工作方式在高級壽司餐廳業界相當少見，多數師傅都是正式員工，弟子們在學藝一段時間後轉往日本各地自立門戶，也都有不錯的成績。有機會品嚐久兵衛壽司的話，或許之後也可以走訪各個弟子的餐廳比較看看。

小黃瓜 <ruby>胡瓜<rt>きゅうり</rt></ruby>

小黃瓜是壽司餐廳不可或缺的蔬菜，除了可以單獨使用做成小黃瓜卷這類海苔卷，跟其他海鮮也很好搭配，像是星鰻小黃瓜卷（p.42）、鰻魚小黃瓜卷、花枝小黃瓜卷、裙邊小黃瓜卷（p.166）、竹筴魚卷（p.42）、小鯽魚卷（p.93）等，各式各樣的海苔卷中都會用到小黃瓜。另外，也可以做下酒菜，像是用生鮮小黃瓜和鹽、漬昆布、秋葵或海蘊做成涼拌小菜，或是雕花當作生魚片的陪襯擺飾。還有其他另類的用法，就是用削皮刀削出薄片，代替海苔來做軍艦卷，或是一次使用多片堆疊，做成壽司卷。

行德 <ruby>行德<rt>ぎょうとく</rt></ruby>

壽司餐廳的行話（p.168），用「行德」代表鹽，原因是千葉縣行德是自古以來的製鹽勝地。雖然以日本全國來看，瀨戶內、北九州這幾個地方的產量較多，但送往江戶城內的鹽都是在行德製造，在江戶地區提到「鹽」，大家想到的就是行德。

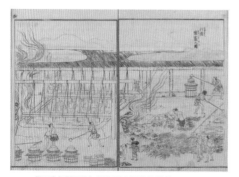

《江戶名所圖繪》國立國會圖書館館藏

玉 <ruby>ぎょく</ruby>

壽司餐廳的行話（p.168），指煎蛋卷。由於煎蛋卷日文是玉子燒，因此簡稱「玉」。另外，玉子燒有時也會稱為「kera」（ケラ）或「keradama」（ケラ玉，p.88）

切片 <ruby>切りつけ・切つけ<rt>き き</rt></ruby>

把當作壽司魚料的魚從整塊狀態片成一貫壽司要使用的薄片，這項作業稱為切片，而切片的技巧會大大影響壽司的外觀與口味。壽司魚料切片時，一般會把帶魚皮的一面朝下。此外，如果魚有筋，切片時通常會把筋切斷，但若是筋看來可以去掉的魚，就會沿著筋切片。下刀時會根據魚肉的硬度、切片之後要劃出什麼樣的裝飾切痕等，計算細節來調整需要的厚度及角度。魚刀劃下一刀就是切一片，絕對不會像是用鋸的那樣將魚刀來回移動。這樣一刀切片，能讓握壽司的表面平滑且帶有光澤，魚肉切口有稜有角。很奇妙的是，就算用了同一塊魚，切片技巧的優劣就會讓壽司口味完全不同。

石狗公（喜知次） <ruby>金色魚<rt>きんき</rt></ruby>

日 キチジ
別 キンメ、アカジ
英 Broadbanded thornyhead、Kichiji rockfish
產 11～3月

標準日文名稱是喜知次，但在產地北海道多稱為「Kinki」。也有些地方稱做「金目」，不過一般說的金目鯛屬於金眼鯛科，石狗公

則是石狗公科，並不一樣。油脂美味，做成握壽司當然好吃得沒話說，也常做成烤魚或紅燒來下酒。

Kinki

正式名稱：喜知次

近畿大學水產研究所
近畿大学水産研究所

近畿大學水產研究所從 1970 年開始研究如何百分之百養殖黑鮪魚，花了 32 年終於在 2002 年 6 月成功。相對於過去是捕撈野生鮪魚的幼魚或瘦小成魚來養殖，所謂百分之百養殖則是用從魚卵培養的鮪魚成魚所產下的卵來生產鮪魚成魚，換句話說，在鮪魚的再生產過程中完全不需要使用野生鮪魚當作資源。由於鮪魚的皮膚脆弱，在移動上需要花點工夫，又因為游的速度快，如果在飼養籠裡衝撞就會死亡，加上喜歡活餌，不能給予調配的餌食等，總之相較於其他魚類比較不容易養殖。這 32 年之間，曾經遇過鮪魚連續 11 年都沒產卵的時期，在鮪魚養殖方法的開發上可說極其困難。近畿大學的鮪魚誕生幾天後，依序使用動物性浮游生物、鹵蟲屬（甲殼類的一種）、石鯛的孵化幼魚、調配飼料，以及切碎的魚肉、解凍的沙丁魚和青花魚等作為飼料。飼養了幾個月的鮪魚就以幼魚出貨給養殖業者，或是等到三年後以成魚出貨。出貨時為了避免鮪魚亂動而受傷，會用釣竿將鮪魚從飼養池中釣起來，而且當鮪魚一上鉤便立刻電擊致死，接著在船上去除內臟、鰓並放血，花一整天讓體內徹底冰透做好準備。裝箱時每一尾鮪魚都會附上近畿大學的畢業證書，通稱為近大鮪魚，在市面上分類為養殖鮪魚，整尾、整塊的販賣，此外在大阪及東京的「近畿大學水產研究所」餐廳裡，也供應調理的餐點。近大鮪

魚不僅見於日本國內，還外銷到美國、亞洲各國，在保護天然資源議題敏感的外國，有些人只吃百分之百養殖的鮪魚。在日本國內，不僅鮪魚，消費者對於多數魚類還是崇尚野生，但如果是百分之百的養殖，在不影響自然資源的狀況下不僅能穩定供應，口味也在持續改善飼料之後逐漸提升，還有數據顯示養殖鮪魚的汞含量比野生鮪魚低。近畿大學水產研究所雖以養殖鮪魚聞名，其實還有白魽、青魽、黃尾鰤、紅魽、石鯛、虎河豚、石狗公、老虎魚、石斑、海鰻、鱘魚、盤鮑螺等各類海產的養殖，鯛魚的百分百養殖也很成功。目前正進行日本鰻魚的完全養殖，牠和黑鮪魚一樣，被明訂為瀕臨絕種。

相關詞 瀕臨絕種（p.127）、養殖鮪魚（p.194）

蛋絲
錦糸玉子・金糸玉子
きんしたまご　きんしたまご

把蛋煎得像紙一樣薄，這種薄蛋皮日文稱為「錦紙玉子」，若再切成如細線一般就是蛋絲，日文則是「錦糸玉子」。此外，「錦」有時候會因為顏色而寫成「金糸玉子」。至於壽司餐廳的蛋絲做法，是在蛋裡加入砂糖、太白粉液、鹽，過濾之後煎成薄片再切成細絲。

銀舍利 _{ぎん} 銀シャリ

單用白米炊煮的飯，沒有任何調味。因為過去在戰爭及戰後那個糧食缺乏的時代，會在白米飯裡加入地瓜、雜糧等一起煮，單純用白米煮出的飯，因為白淨的外觀而稱為「銀舍利」。到了現代，不僅在壽司餐廳，一般煮得很好吃的白飯也會稱為「銀舍利」，不過壽司餐廳反倒因為要與醋飯（也稱「舍利」）區別，會把普通的白飯稱為銀舍利。

銀簾 _{ぎんすだれ} 銀簾

將細長玻璃棒用天蠶絲編起來，外型類似卷簾，通常鋪在壽司餐廳的魚料櫃裡，或是生魚片裝盤時鋪在盤底。

金箔燒海苔 _{きんぱくやきのり} 金箔燒海苔

金色的海苔，在海苔單面以真空蒸著技術貼上金箔製作而成。和一般海苔一樣可以食用，這是由專營金屬加工、招牌製作的諏訪α公司製造，說不定哪天會吃到整條金光閃閃的海苔卷。

© 諏訪 α

金目鯛 _{きんめだい} 金目鯛

- 日 キンメダイ
- 別 キンメ
- 英 Splendid alfonsino
- 產 12～3月

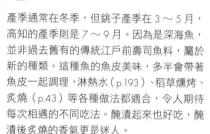

產季通常在冬季，但銚子產季在 3～5 月，高知的產季則是 7～9 月。因為是深海魚，並非過去舊有的傳統江戶前壽司魚料，屬於新的種類。這種魚的魚皮美味，多半會帶著魚皮一起調理，淋熱水（p.193）、稻草燻烤、炙燒（p.43）等各種做法都適合，令人期待每次相遇的不同吃法。醃漬起來也好吃，醃漬後炙燒的香氣更是迷人。

石斑魚 クエ

- 日 クエ
- 別 アラ
- 英 Longtooth grouper

全年都很美味的高級魚材，長相不討人喜歡，皮下脂肪和鮮味都很豐厚，卻不知道為什麼吃起來口味如此清爽，真是奇妙。

草 _{くさ}草

壽司餐廳裡的行話，用「草」來代表海苔，因為過去海苔都是在淺草採到的。

馬鞍握壽司 _{くらかけ}鞍掛にぎり

把壽司魚料切成像馬鞍的外型，因此稱為馬鞍握壽司。除了煎蛋卷，通常用到鮪魚邊邊的魚料時，也會運用這種手法。

綠色防水紙 グリーンパーチ

也叫做「青紙」或防水紙，用來包魚、保存的綠色防水用紙。這種紙是藉由硫酸改變纖維性質，具備防水、防油的特性。因為是綠色，魚滲出的血色不會太顯眼。除了魚市裡的中盤商（p.152）會用，在熟成（p.111）這種需要長期保存魚貨的時候也會使用。

許氏平鮋 _{くろ}黑ソイ

- 日 クロソイ
- 別 スイ、クロゾイ
- 英 Black rockfish
- 產 10～2月

外表又黑又粗獷，看起來不怎麼漂亮，但切片之後味道跟外觀看起來都很高雅的魚材。養殖的也很好吃，建議可以挑體型較大的，握壽司搭配柑橘＋鹽最對味。

軍艦卷 _{ぐんかん}軍艦巻き

用切成一條的海苔將一貫份的醋飯從側面包起來，把魚料放在上方的握壽司。做成軍艦卷的話，鮭魚卵、飛魚卵這類小小的魚料也能做握壽司。軍艦卷專用的海苔稱為「軍海苔」，是將一大片海苔如下圖的方式切割。有些壽司師傅會在顧客面前用柳刃刀切割海苔，但海苔專賣店有在賣軍艦卷專用的海苔。海苔分成帶有光澤的表面，以及粗糙的背面，做軍艦卷時，包的時候以背面接觸醋飯。海苔捲完之後會鬆開，有些人會用飯粒黏起來，也有人堅持絕不能這麼做，分成兩派。其實元祖江戶前壽司中並沒有軍艦卷，是久兵衛（p.83）發明鮭魚卵軍艦卷的。直到現在，有些堅持傳統的店家仍不使用鮭魚卵，也不會將海膽做成軍艦卷，一定要做成握壽司。

切法 一片的大小是 15.2cm×3.2cm

or で

這裡也可以切出 4 條海苔帶

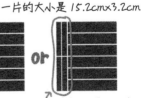

geso（花枝腳）ゲソ

過去，日本會將鞋子叫做「下足」（gesoku），在高級的大餐廳裡還會有稱為「下足番」的員工。「下足番」的工作內容據說是將顧客的鞋子每十雙整理排好，因為這個典故，後來就把 10 隻腳的花枝腳稱為「geso」（ゲソ）。花枝腳在處理時要先用鹽清洗，去除黏液和吸盤，做成壽司魚料。可以生食做為壽司魚料的有槍烏賊、透抽，花枝一類的則要清燙後浸泡冰水，再做成壽司魚料。適合搭配甜醬汁（p.145）和海苔，是愈嚼愈有味的壽司。

下足番
墨魚腳
透抽腳

木屐 下駄

①盛放壽司的木製餐具叫做木屐壽司盤、壽司台或壽司盛台等，在壽司餐廳的行話（p.168）裡會簡稱木屐。因為餐具上有類似木屐的腳，因此稱為木屐。但不少店家不使用木屐壽司盤，而使用陶瓷盤或一葉蘭（p.165）等，盤子就會特別稱為「付皿」。②壽司餐廳裡的行話會用「geta」來代表數字「3」，因為木屐上為了穿過鞋帶會有 3 個洞，因此以「geta」來代表「3」。③雖然現在每家餐廳不同，但原本壽司師傅腳上穿的就是木屐。

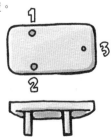

Kera 壽司 けら寿司

以煎蛋（kera 玉子燒）、用鹽和甜醋醃過的蝦、鹽和醋醃過的白肉魚，以及海苔當作配料製成的押壽司，有時候裡頭還會夾著紅燒瓠瓜乾或香菇。

kera 玉子燒 ケラ玉

壽司餐廳裡的玉子燒，如果裡頭加了蝦泥或魚漿，煎的時候不特別捲起來而是煎成較薄的一整片，這種就稱為「kera 玉子燒」。最初江戶前壽司的玉子燒就是指這款，而不是現在常見的厚煎蛋捲。「kera」指的是以鋼為主、極少雜質的金屬，由於煎玉子燒用的是鐵板，因此就以「kera 玉」來稱呼。有人說吃了煎蛋就能判斷出這間壽司餐廳的水準，這是因為 kera 玉子燒裡頭包括高湯、魚漿、醬油、砂糖等，一間店講究的材料與技術都凝聚在其中。不過，近年來有些店家直接使用市售品而非親自在店內製作，這麼一來就無法用煎蛋來判斷店家的技術了。

kera 鍋（煎蛋鍋） ケラ鍋

專門用來煎蛋的銅質方形平底鍋，分成正方形的東型（關東地區）與長方形的西型（關西地區）。深度也分成適合做蛋絲和薄蛋皮這種較淺的，以及煎厚蛋卷或高湯蛋卷這類較深的。為了讓銅鍋能平均沾上油，鍋子用完之後會不用清潔劑清洗，而是去除污垢後

抹上一層油保養。通常還會配合比鍋子小一點的木屐盛板一起使用，煎蛋需要翻面時就把蛋倒扣到板子上，然後將煎蛋沿著鍋緣倒回鍋子裡就完成翻面。關東地區的玉子燒因為加了很多糖，只要在煎到微焦時翻一次面即可，但如果是不愛焦糖色、需要多翻面幾次的關西派玉子燒，還是用長方形的煎鍋比較方便。

ken けん

生魚片配料（褄，p.145）中像是蘿蔔、小黃瓜、紅蘿蔔、南瓜等切得細細的就叫做「ken」，如果是順著纖維切的，會稱為「縱 tsuma」或「縱 ken」，用一小撮直立的堆法擺放在生魚片的旁邊；將纖維切斷的話就稱為「橫 tusma」或「橫 ken」，這種會像墊子一樣鋪在生魚片的下方。

直立　　　　　　鬆軟

縱 ken　　　橫 ken

Gennari 壽司 げんなり寿司

靜岡縣賀茂郡東伊豆町的鄉土料理，壓實大量米飯做成的大號壽司，一吃馬上就飽，日文中「げんなり」有膩了、煩了的意思，因此把這種壽司叫做「Gennarai 壽司」。

紮實

kenbiru けんびる

這是江戶腔，意思是「喝『劍菱』（kenbishi）的酒」。在江戶地區超受歡迎的日本酒「劍菱」，連浮世繪「東海道五十三次」都在挑著鮪魚走過日本橋的人群旁，畫了挑著劍菱酒桶的人。想要實際體會當時江戶前壽司的美味，就一定要搭配劍菱的酒。

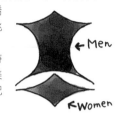
←Men
←Women

冰締 こおり 氷じめ

將捕撈到的魚放進加入冰塊的海水中將魚凍死，效果雖然不比活締（p.48），仍然可以減少對魚造成的壓力。這種手法主要用在魚獲數量較多無法一一使用活締時，小鯽魚、沙梭、沙丁魚、秋刀魚等通常都以冰締處理，至於竹筴魚或鯛魚則看實際體型，冰締或活締都會使用。

去鱗刀 こけ引き ひ

去除魚鱗的工具，各種魚類的魚鱗長法不太一樣，像是秋刀魚進貨到餐廳時幾乎沒有鱗片殘留，但也有像鯛魚這類必須先去鱗才能料理的種類。另外，處理比目魚或鰈魚的鱗片時並不用去鱗刀，而使用柳刃刀。

相關詞　梳引（p.120）

木屑壽司 こけら寿司

高知縣東洋町的鄉土料理，在烤好剝下的青花魚肉裡拌入大量的柚子醋，用這個當作壽司飯製作的押壽司。在壽司飯上撒滿紅燒香菇或是紅蘿蔔、紅蘿蔔葉以及薄蛋皮，完成一層後鋪上板子，接著繼續鋪壽司飯和配料，總共疊出 5～6 層。

小鯛雀壽司 小鯛雀寿司

用鹽、醋醃漬小鯛魚製作的押壽司，將鯛魚皮面下鋪在模型的最下方，然後蓋上沒有帶皮的魚肉，在魚肉和醋飯之間夾進海苔或花椒嫩芽。

魚刺夾 骨あたり

拔除魚肉上血合刺或小刺的工具，夾魚刺的位置分成直型和斜型，不同的魚會有不同的拔刺角度，有些師傅在拔除星鰻背鰭時也會用這種魚刺夾。

小手返 小手返し

握壽司捏製手法的名稱，握壽司的捏法基本上有小手返、立返（p.140）、本手返（p.175）幾種，其中小手返的技巧相對單純，能夠以較少的手部動作捏製，多數的壽司師傅都使用小手返這種手法。有些壽司師傅不單使用一種手法，也有人會因為魚料而分別採用適當的捏法。

諺語 ことわざ

日本有句諺語是「壽司最好以小鯽魚收尾」，小鯽魚是江戶前壽司最典型的魚料，但因為口味濃郁，應該放在最後吃，就是這句諺語的意思。

請用

粉醬油 粉醤油

粉末狀醬油，在握壽司上代替醬油撒一點，吃起來就跟一般不太一樣的壽司。市面上的產品除了醬油，還加了柚子、巴薩米克醋的調味，可藉此享受到各種不同季節感。

粉茶 <small>こなちゃ 粉茶</small>

製作煎茶過程中會出現粉末狀的茶莖、茶葉，集結而成的就是粉茶。沖泡要使用溫度超過 90 度的熱水，迅速沖泡，相對來說，沖泡煎茶的熱水只需 70 ～ 80 度。一開始使用粉茶是因為價格便宜，但有些地方到現在仍持續使用粉茶的原因是，粉茶不會像高級茶那樣散發香氣，不怕影響壽司的風味，加上是用高溫熱水沖泡，還能清洗掉口中的餘味。順帶一提，迴轉壽司餐廳裡拿著茶杯直接注入熱水的自助式熱茶，使用的不是粉茶，而是綠茶粉，兩者並不相同。綠茶粉是把煎茶用機器絞碎，或是在沖泡的煎茶中添加糊精後再以噴霧乾燥法製成。

山葵粉 <small>こな 粉ワサビ</small>

山葵粉是在大正初期由小長谷與七這位在靜岡仲介茶葉買賣的商人開發出來，最初是把沒辦法當作生山葵販賣的山葵用石臼磨成粉來賣，但因為辣味無法持久、價格太高這些缺點，後來添加西洋山葵（又叫辣根）來彌補這些缺點。現在市面上的產品反倒多半只用西洋山葵，或是在西洋山葵裡添加一點日本山葵。由於西洋山葵幾乎是白色，因此一般看到的山葵粉都加了色素。在關東地區主要流通的是靜岡產生山葵，顏色較綠；關西

地區喜愛使用淡綠色的島根產生山葵，因此有些廠商會把關東地區市場的商品染成深綠色，關西市場的產品使用較淺的綠色色素。

鯽魚（子代） <small>こはろ 鮗</small>

日 コノシロ
別 ツナシ（幼魚）、シンコ（4～7cm）、
コハダ（7～11cm）、ナカズミ（11～15cm）
英 Dotted gizzard shad
產 6～8月（新子4～7cm）、9～11月（小鯽魚7～11cm）、12～2月（中墨11～15cm）

鯽魚是一種各階段有不同稱呼的「出世魚」，「子代」指的是長到 15 公分以上的階段。壽司餐廳最常使用的是小鯽魚階段的大小，但也有店家會刻意使用稍大的「子代」。隨著體型成長，每單位重量的價格也相對便宜，這道理幾乎人人都知道，不過魚的鮮美甜味也會跟著成長，到了「子代」階段味道會變得非常濃郁。如何在不損鮮味的狀態下消除腥味、要怎麼下刀處理掉成長後變得惱人的小刺，以及該調整鹽、醋的量與時間來醃漬等，這些都考驗著江戶前壽司師傅的手藝。

子代 ← 中墨 ← 小鯽魚 ← 新子

葉形生魚片 _{木の葉造り}

生魚片的一種切法，把生魚片排成葉片的形狀裝盤，就稱為葉形生魚片。這種切法經常用在小鯽魚、秋刀魚、水針魚這類體型細長的魚，先將整尾的魚切成三片，並切掉尾巴細長的部分。背面朝上切成一半後將兩片魚肉上下稍微錯開，重複同樣的作業兩次。接著從中間切成兩半，最後將生魚片立起來讓切面朝上，排成葉形裝盤。

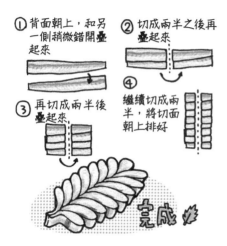

① 背面朝上，和另一側稍微錯開疊起來
② 切成兩半之後再疊起來
③ 再切成兩半後疊起來
④ 繼續切成兩半，將切面朝上排好

完成

海鼠腸 _{海鼠腸}

用海參內臟製作的鹽辛 *，與烏魚子、海膽並列日本三大珍味，是能登半島的名產。因為鹹味重，經常放在鵪鶉蛋上做成軍艦卷，是非常下酒的一貫。

* 譯註：由生海鮮或內臟經過鹽漬發酵而成的食品。

小刃 _{小刃}

指握壽司魚料邊緣稍微高起來的部分，壽司魚料切片時，師傅會在片開整塊魚之前稍微轉一下刀的角度，讓魚刀的刀尖垂直於砧板。由於刀尖的位置稱為小刃，使用小刃來切的魚料也就跟著稱為小刃。有時候考量後續需要裝飾切痕，切片時不會另外切出小刃，但簡單的握壽司如果有了小刃，外觀上比較漂亮。加上小刃通常會在魚皮那側，有些魚料還會因此出現顏色上的對比、高度的不同，相當美觀，上壽司的時候會特別把小刃的一面朝向用餐的人。

小刃

小鯽魚 _{小肌}

屬於出世魚的鯽魚（p.91），長到 7～11 公分體型的階段時，稱為小鯽魚。通常是一尾或半尾捏一貫壽司剛剛好的尺寸，此外無論下刀處理或是醃漬，都是最容易料理的大小。因此，當這種魚長到比小鯽魚還大的階段，使用的餐廳就會驟減。小鯽魚是江戶前壽司使用的魚料裡最經典的，甚至還有「壽司最好以小鯽魚收尾」的說法（諺語，p.90）。除了醃漬口味，像是搭配醋飯的變化、魚肉與魚皮色彩對照以及裝飾切痕等，在在都能見識到壽司師傅的功力，也是容易吸引壽司愛好者的魚料。這幾年使用紅醋（p.115）來做醋飯的店家愈來愈多，也有不少餐廳開始用紅醋來醃漬小鯽魚。

小鰶魚卷 小肌巻き

用小鰶魚、小黃瓜、紫蘇、薑片、芝麻等，不加醋飯就直接用海苔包起來的海苔卷，適合當下酒菜。

相關詞 竹筴魚卷（p.42）

昆布漬 昆布じめ

用昆布將食材夾起來，讓昆布鮮甜滲入食材的一種手法。壽司魚料中常使用到昆布漬的有比目魚、鯛魚、沙梭、小鯛魚等。將魚肉抹鹽之後放一下，用水把鹽沖掉再泡一下醋水。昆布預先用酒沾溼，然後用昆布將魚肉夾住，外層用保鮮膜包起來，讓魚肉緊貼著昆布，放進冰箱冷藏幾個小時即完成。也有人不泡醋水，而是用霜降（p.109）來去除腥味。昆布漬能讓水分從魚肉滲到昆布，有脫水的效果；而昆布上的麩胺酸、鹽分等礦物質則滲入魚肉，增添鮮味。至於使用的昆布種類，常用的是口味單純、用途廣泛的真昆布，但使用羅臼昆布則會更有層次。因此，也有人上下分別使用真昆布與羅臼昆布。如果選用的魚肉較薄，口味又清淡的話，搭配真昆布會使得昆布味道太過強烈，除了調整夾漬的時間，也有人會依魚料更換不同昆布，像是水針魚使用白板昆布，銀魚則用朧昆布。另一方面，昆布漬不僅能運用在魚肉，小黃瓜等蔬菜也很適合用昆布漬來做成下酒菜。昆布漬原本是富山的鄉土料理，江戶時代的富山有大量由北前船從北海道運來的昆布，因而出現很多使用昆布的料理，包括昆布卷、昆布卷魚板等。鄉土料理中的昆布漬是在魚料切成生魚片之後才用昆布夾漬，但如果是握壽司要用的昆布漬，會將整塊魚肉用昆布夾漬，要捏製壽司前才切片。

昆布卷壽司 昆布巻き寿司

熊野（和歌山縣南部與三重縣南部）地區的鄉土料理，在壽司飯上鋪滿紅蘿蔔、竹筍、牛蒡、瓠瓜乾等配料，再用一層厚厚白板昆布卷起來的壽司。昆布卷壽司和秋刀魚壽司都是正月時的傳統年菜，熊野本地雖然採不到昆布，但江戶時代透過迴船交易，可以從東北地區取得昆布。

芝麻 ゴマ

說芝麻能搭配任何食材真是一點也不誇張，至於製作壽司的食材，從主要的壽司飯、海苔到紫蘇、薑、小黃瓜這些配角，芝麻也能全方位搭配出好滋味。海鮮之中，又以青皮魚、白肉魚和花枝跟芝麻搭配起來最好吃。芝麻是胡麻科一年生植物的種子，在日本市面上的芝麻有99.9%都是由國外進口，國內的主要產地則是在九州南部。芝麻的營養豐富，含有不飽和脂肪酸、蛋白質、碳水化合物、維他命、礦物質、膳食纖維等，但因為外皮堅硬，不搗碎幾乎無法吸收其中營養。然而，用在製作壽司時並不會使用磨過的芝麻。真正的原因不清楚，很可能是因為口感，還有芝麻外皮的味道對壽司來說是一項不可或缺的要素吧！磨碎的話，口感會變，芝麻種子內的味道可能和壽司也不搭。

白花枝上撒了五色芝麻

古米 こまい 古米

若問壽司師傅「壽司美味的關鍵取決於什麼」，很多人會以為是「好吃的魚」，但其實專業人士異口同聲的回答卻是「醋飯」。想當然耳，米則是決定醋飯口味最重要的因素，講到好吃的米，一般認為在新米的產季當然要使用新米，不過壽司餐廳喜歡的卻是古米；新米在自家煮起來固然好吃，不過質地較硬，黏性低，而且顆粒小。所謂古米，指的是前一年收成的米；再前一年收成的則稱為「古古米」，每增加一年前面就多一個「古」字。雖說都是古米，但壽司餐廳喜歡的不是放了一年、口味變差的精製白米，而是保持糙米狀態、保存在低溫倉庫中，控制溫度、溼度熟成的種類，這種米也稱為「熟成米」。

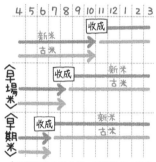

（早場米在 9 月收成，早期米在 8 月收成）

五片切 まい 5 枚おろし

處理比目魚、鰈魚這類扁平魚以及鰹魚的手法，分成上身、下身各兩等分共四片，以及中骨，總計整尾魚會切成五片。此外，有一些外觀扁平的魚未必會切成五片，而是以常見的三片切手法來處理。

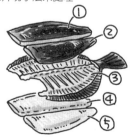

花腹鯖 ごまさば 胡麻鯖

- 日 ゴマサバ
- 別 マルサバ、ホシグロ
- 英 Blue mackerel
- 產 6～9月

身體側面有一直排點狀花紋，此外相對於青花魚（鯖魚）的橢圓形剖面，花腹鯖的剖面幾乎呈圓形。由於花腹鯖的油脂比鯖魚少，在高級壽司餐廳常用的是鯖魚，但新鮮花腹鯖稍微醃漬一下也有另一番美味。產季在夏天，也有人會在冬季鯖魚產季前交替使用。

有點狀花紋

胡麻豆腐 ごまどうふ 胡麻豆腐

將芝麻磨成糊，過篩之後加入昆布高湯，再用本葛粉凝固而成，壽司餐廳經常能吃到胡麻豆腐這道開胃菜。豆腐本身會用到高湯，有時候還會有用魚骨粗汁製成的芡汁，能夠同時品嚐到鮮味濃郁的高湯與胡麻的風味。

米

越光米 コシヒカリ

日本最具代表性的稻米品種，產自新潟縣魚沼的是知名品牌，但其實東北地區以南的日本各地都有栽種。適合一般家庭的代表性品種，尤其煮出來的飯粒水分飽滿，不過其實很多知名壽司餐廳會特地找米粒較硬的，或是和古米搭配使用。

笹錦 ササニシキ

日本全國知名的代表米種，黏性較低，口味清淡，從以前就是壽司師傅很喜愛的米種。因為 1993 年的寒害中受害嚴重，後來改良為抗寒害的「一見鍾情」，因此笹錦在市面上的流通量就減少了。

輝映 はえぬき

1993 年才登錄，算是相對新的米種。只在山形縣栽種，知名度較低，價格也便宜，

卻從 1994（平成 6）年起連續 22 年進入日本穀物檢定協會的白米美味排行榜，並入選特 A 級，是非常優秀的品種。特色是即使冷了也好吃，非常受到壽司餐廳及便當店的喜愛。連 7-Eleven 的飯糰都使用這款米，由此可知應該非常多人吃過。

初霜 ハツシモ

主要產於岐阜縣的品種，過去和笹錦並列為兩大壽司專用米。因為生長較慢，一路長到降下初霜的時期，因而得名。米粒黏度低，容易捏製，加上不容易散掉、有明顯甜味，這些都是特色。

混合米 ブレンド米

混合多個品種販賣的米，有些壽司餐廳使用單一米種，也有使用混合米的店家。

米粒數量 米の数

從醋飯的製作方式到每一貫壽司的醋飯用量，會因為店家、搭配魚料等條件各有不

同，但就一般的壽司來推測，一貫壽司使用的米粒數量大約是 300 粒。正常情況下，壽司師傅當然不會邊捏壽司邊算米粒數量，但以公克為單位來計算的話，確實能做到一把醋飯抓起來後幾乎沒有誤差。如果一次抓太多，會把多餘的醋飯放回米桶裡，但也有些師傅排斥這麼做。

什錦壽司 <ruby>五目寿司<rt>ごもくずし</rt></ruby>

在壽司飯裡加入煮得甜甜鹹鹹的香菇、紅蘿蔔、油豆皮、牛蒡等,再鋪上蛋絲的家庭料理,自古就在日本各地都看得到。配料會因地區、各個家庭而不同,有些還會加入蒟蒻、竹筍、蓮藕等蔬菜,以及煮熟的鮮蝦、紅燒星鰻等,有些地方稱為「五目散壽司」。

塊 コロ

市面上流通的鮪魚計算單位,一般來說大型鮪魚會由中盤商先切成幾大塊銷售。切開的幾塊因應位置不同,在背部中央以及腹側上、中、下方分別會稱為前背(p.126)、前腹(p.163)等。從同一鮪魚取下的塊,會因為部位而有不同的口味和油脂分布狀況。

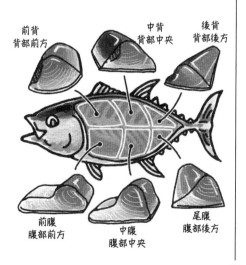

前背
背部前方

中背
背部中央

後背
背部後方

前腹
腹部前方

中腹
腹部中央

尾腹
腹部後方

昆布 <ruby>昆布<rt>こんぶ</rt></ruby>

日本國內生產的昆布超過九成都來自北海道,其他則產於三陸沿岸地區。捕撈的種類會因地不同,取決條件是海流的差異。一般來說,壽司餐廳用來取高湯的多半是真昆布、羅臼昆布、利尻昆布;做昆布漬用的則是真昆布、羅臼昆布。至於將真昆布切成薄片的白板昆布與朧昆布,也可以用在昆布漬或是當作配料。

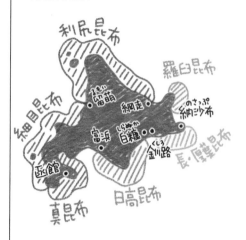

昆布鹽 <ruby>昆布塩<rt>こんぶしお</rt></ruby>

白肉魚或是花枝等握壽司沾昆布鹽也很好吃,在粉末狀的昆布中加鹽,市面上就買得到,但其實也可以在炊煮出高濃度的昆布高湯中加鹽,再把水分煮乾就成了自製昆布鹽。昆布鹽還可以拿來醃漬速成醬菜,用在日式、西式的家庭料理調味上,非常方便。

鮭魚

長野縣
信州鮭魚

宮城縣
宮城鮭魚

廣島縣
廣島鮭魚

山梨縣
甲斐鮭魚

香川縣
讚岐鮭魚

愛知縣
絹姬鮭魚

鮭魚現在是很受歡迎的壽司魚料，尤其深得兒童喜愛，但其實過去在江戶是捕不到鮭魚的，因此傳統江戶前壽司的魚料中並沒有鮭魚。此外，鮭魚常有海獸胃線蟲（p.43）寄生，在沒有冷凍技術的時代無法於一般餐廳供應生食。直到現在，如果是嚴格定義「江戶前」的壽司餐廳，仍然不太會提供鮭魚。有些餐廳為了喜愛鮭魚的顧客，偶爾會準備櫻鱒（p.101）。壽司餐廳裡使用的鮭魚幾乎都是冷藏進口的養殖大西洋鮭魚，或是冷凍進口的虹鱒（經過改良的養殖專用品種），但這幾年日本國內也盛行養殖可生食的鮭魚，所以也吃得到日本國產的鮭魚。日本國內淡水養殖的鮭魚雖然價格比進口貨高一些，但不用擔心寄生蟲的問題，就能品嚐到現撈的新鮮生魚片。如果有機會看到在地的鮭魚，務必嚐嚐看。鮭魚用來做為壽司魚料時會先在一整塊的狀態下撒鹽，去除腥味。搭配紫蘇、檸檬，炙燒、煙燻鹽（p.126）等都很好吃。

大西洋鮭魚
アトランティックサーモン

日 タイセイヨウサケ

英 Atlantic salmon

在河川出生，進入大西洋棲息，為了產卵再回到河川的魚種。挪威、智利、英國、加拿大、丹麥、澳洲等地都有大量養殖，全年都能穩定取得，價格也不太會變動，對餐廳來說是一項能放心使用的食材。

虹鱒 トラウトサーモン

| 日 | ニジマス |
| 英 | Rainbow trout（陸封型）、Steelhead（降海型） |

華盛頓大學名譽教授唐納森（Lauren Donaldson）博士以大型 Rainbow trout 和 Steelhead（在生物學上與虹鱒相同，只是為降海型）交配開發出的養殖用品種，原先並不存在於自然界。和大西洋鮭魚一樣，主要養殖的國家有挪威、智利、芬蘭、丹麥等。

甲斐鮭魚 甲斐サーモン

產自山梨縣的淡水養殖鮭魚，品種是虹鱒。其中以含有山梨特產葡萄果皮的飼料，飼養超過兩個月且出貨時超過一公斤的，稱為「甲斐紅鮭魚」。

絹姬鮭魚 絹姬サーモン

愛知縣水產試驗場耗費 12 年開發出的淡水養殖鮭魚，分成由鳳來鱒與石川鮭魚交配出的深紅色「Nijiama」，以及鳳來鱒與紅點鮭交配出體色較白的「Nijiiwa」。肉質彈牙，推薦生食。

讚岐鮭魚 讚岐サーモン

2011 年因為日本 311 大地震導致東北沿海地區的鮭魚養殖場都無法使用，東北內陸地方的幼魚生產商失去了銷售對象，於是香川縣購買幼魚重新展開養殖事業。品種用的是虹鱒，飼料裡添加了四種香料（肉荳蔻、奧勒岡、肉桂、薑），因此腥味較少，很適合生食。飼養時期是在瀨戶內海海水溫度較低的 12 月～ 5 月，4 ～ 5 個月後就能出現在以關西地區為主的市場，也會在首都圈一些地方看到。

信州鮭魚 信州サーモン

長野縣水產試驗場花了 10 年開發出的淡水養殖鮭魚，由虹鱒與褐鱒交配而成，由於不具備繁殖能力，一旦逃脫進入自然界也無法繁殖。肉質厚實，色澤賣相也好，是很適合壽司的鮭魚種類。

廣島鮭魚 広島サーモン

廣島鮭魚是在萬古溪（廣島縣廿日市）的淡水環境中培育兩年，再移往大崎上島海域的養殖鮭魚。飼料裡加了廣島的特產檸檬，口味清爽，適合生食。

宮城鮭魚 みやぎサーモン

由銀鮭養殖而成的種類，其實全球最早從事鮭魚養殖的就是日本，1976 年即在宮城縣志津川灣開啟銀鮭海面養殖。過去腥味比較重，不適合生食，但經過一次次的改良，現在也可以做成生魚片吃。銀鮭這個品種只要海水超過 21 度 C 就會全數死亡，無法在日本的自然環境下生長，所以魚卵是從回到美國華盛頓州河川裡產卵的成魚身上採下後，空運到日本。

鮭魚卷 サーモンロール

以鮭魚為主要魚料所製作的海苔卷，從很簡單只包入鮭魚的細卷（p.134），或是用鮭魚、酪梨為配料所做的反卷壽司（p.55），還有反卷壽司會用鮭魚卷起海苔卷，或是使用燻鮭魚的，有些還會追加小黃瓜、奶油乳酪等，抑或在外側沾滿飛魚卵、白芝麻等，有各式各樣的變化。

調理筷 さいばし 菜箸

烹調時使用的長筷子，想要在壽司上添加切得碎細的佐料，使用前端尖尖的調理筷會比較方便，有些師傅習慣用金屬材質的，也有人覺得竹筷子比較順手。

堺屋松五郎 さかいやまつごろう 堺屋松五郎

江戶時代的江戶前壽司師傅，也是江戶三鮨（p.55）之一的「松之鮨」創辦人。

相關詞 浮世繪（p.51）

sagaya さがや

壽司餐廳的行話（p.168），指的是魚蝦鬆（おぼろ，Oboro，p.63）。1747（延享 4）年創作的三弦琴樂曲《常磐津節》裡有這麼一小段，「嵯峨及（sagaya）御室繁花盛開，各色蝴蝶紛飛。有幸隨同遊客，難得出外遊嵐山」，這裡頭「御室」（Omuro）與「魚蝦鬆」（Oboro）的發音相近，因而聯想到修飾格的枕詞「sagaya」。對於現代人來說，確實是不太容易理解的典故。

超人氣歌舞伎曲目
忍夜戀曲者
嵯峨及御室繁花盛開～♪
→Oboro

冊（魚塊） さく 冊

將整尾魚處理到方便切成生魚片的長方塊，或是接近的形狀，這樣的塊狀就叫「冊」。鯛魚之類整尾魚切成三片之後，將上方與下方切開的狀態就是「冊」，鮪魚的話則是將大塊狀的「koro」（p.96）切成長方塊之後才稱為「冊」。

切塊 さくどり 冊取り

把一大塊魚分割成「冊」的作業。

櫻鹽 _{さくらじお} 桜塩

將鹽漬櫻花的花瓣經過乾燥後磨成粉末，和鹽一起炒乾而成。在櫻花盛開的季節，撒一點在白肉魚握壽司上，能呈現季節感。

櫻漬 _{さくら} 桜じめ

用鹽漬櫻花葉夾住鯛魚、馬頭魚等魚肉醃漬，由於櫻花葉的鹽分很重，可以去除一點鹽分後再使用，這道手法可以讓人感覺到春天氣息。

櫻煮（嫩燉章魚腳） _{さくら に} 桜煮

意思和「櫻煎」一樣，將章魚腳燉煮到軟爛，是壽司餐廳裡經常看得到的一道下酒小菜。名稱的由來是燉煮好的章魚腳會呈現類似櫻花的粉色，其實材料中完全沒有使用到櫻花。基本上就是用水、酒將章魚燉煮到軟爛，再用味醂及醬油調味。有些店家還會加入紅豆、蘿蔔，做法各有不同。

櫻鱒 _{さくらます} 桜鱒

- 日 サクラマス
- 別 ホンマス
- 英 Cherry salmon
- 產 3~6月

山女魚（陸封型）的降海型，也就是在河川出生後會進入大海棲息幾年，之後為了產卵溯河而上。因為會隨著每年櫻花開花前線一路北上出現河川中，才有了「櫻鱒」這個名字。富山的鱒壽司使用的是最原始的品種，有些店家也會用來當作握壽司的魚料。

酒壽司 _{さけ ず し} 酒寿司

鹿兒島縣的鄉土料理，起源有幾種説法，一個是江戶時代當地人會把賞花後剩下的菜餚和酒一起放進木桶，隔天早上就會變成發酵後散發香氣的美味料理；另一個説法則是在男性普遍強勢的鹿兒島縣，女性為了能在賞花時偷偷嚐點酒味而做出這道料理。這道壽司使用的是鹿兒島當地生產的「灰持酒」，在灑了酒的飯上鋪滿滷竹筍、蜂斗菜、香菇、甜不辣等配料，然後蓋上一層飯，再鋪上煎蛋、花枝、蝦、鯛魚、丁香魚等，蓋上重物加壓幾小時到一天，即可完成。喜歡飲酒的人，吃的時候還會再淋上灰持酒。

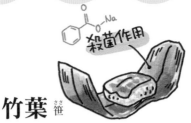

竹葉 （ささ）笹

竹葉就跟一葉蘭（p.165）一樣，以前就用來包壽司，或是鋪在壽司下方、當作裝飾分隔壽司。竹葉中含有苯甲酸納（Sodium Benzoate），具有抗菌效果，有抑制細菌繁殖的作用。

竹葉雕花 （ささぎ）笹切り

用刀將竹葉雕出蝦、鶴、龜等外型，江戶時代有些店家的外送壽司會用竹葉雕花的方式雕出外送用戶的家紋，當作識別的記號。竹葉雕花是壽司師傅必須學習的基本技能之一，日本全國壽司技術大賽中也有竹葉雕花這一項。

竹葉壽司 （ささずし）笹寿司

用山白竹竹葉包覆的鄉土料理，在石川縣、長野縣、新潟縣都看得到，不過石川的做法和長野、新潟不太一樣。石川縣的竹葉壽司是將兩片竹葉以十字交疊，把壽司飯和醋漬過的魚放在中間包起來，然後上方以重物加壓做成押壽司。至於長野和新潟的做法則是在一片竹葉上放壽司飯，再鋪上其他配料，並不加壓。配料的話就因各地以及每個家庭而異，變化很多，一般來說會有山菜、紅蘿蔔、洋栖菜、油豆皮等紅燒菜。

射込 （さしこ）射込み

煎蛋的捏製手法，將切得厚厚的煎蛋卷從中央劃一刀，塞入壽司飯之後分成兩塊。

相關詞 馬鞍握壽司（p.87）

殺菌 （さっきん）殺菌

所謂殺菌，就是消滅有害的細菌或病毒等微生物。至於要消滅到什麼程度，因為沒有精準的定義，實際效果並不明確。另一方面，如果要將微生物百分之百殺死，就稱為「滅菌」。壽司中用到的山葵、薑、竹葉、醋等，這些都只能達到殺菌效果。

青花魚（鯖魚）（さば）鯖

日 マサバ
別 ホンサバ、ヒラス
英 Chub mackerel
歷 11～2月

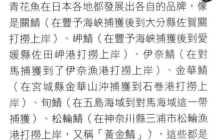

青花魚在日本各地都發展出各自的品牌，像是關鯖（在豐予海峽捕獲後到大分縣佐賀關打撈上岸）、岬鯖（在豐予海峽捕獲後到愛媛縣佐田岬港打撈上岸）、伊奈鯖（在對馬捕獲到了伊奈漁港打撈上岸）、金華鯖（在宮城縣金華山沖捕獲到石卷港打撈上岸）、旬鯖（在五島海域到對馬海域這一帶捕獲）、松輪鯖（在神奈川縣三浦市松輪漁港打撈上岸，又稱「黃金鯖」），這些都是同一個品種。

青花魚壽司（鯖魚壽司）
さばずし
鯖寿司

統稱各種使用醋漬青花魚來做的壽司，有棒壽司、青花魚押壽司（p.161）、松前壽司（p.181）等。

謊報數字 さばを読む
よ

日文有一句俗語，直譯是「數鯖魚」，從計算青花魚等數量時申報的數字與實際數量不符，衍生出蒙混實際年齡或計算數字的意思。由來有幾種說法，有的說是因為計算時會影響魚的鮮度，所以算得特別快；或是一把抓起四尾來數，理論上重複十次就是四十尾，但可能其中有一次一把只抓了三尾云云。

莎曼珊・瓊斯
さまんさ　じょーんず
Samantha Jones

莎曼珊・瓊斯是美國電視影集《慾望城市》（Sex and the City）中由女星金・凱特羅（Kim Cattral）飾演的角色。電影版裡平常不善廚藝的莎曼珊，為了在情人節送男友史密斯一個驚喜而做了壽司，而且還把壽司放在自己全裸的身上，等待男友回家。沒想到史密斯因工作遲了三小時，最後壽司全被放回盤子裡。

滿心期待…

鯊魚皮磨板 サメ皮
がわ

山葵專用的磨泥板，在白底木板貼上鯊魚皮製成，尺寸從小到大都有。據說是參考江戶時代修築神社佛寺的木工研磨工具得到的靈感，將整根山葵在鯊魚皮上以劃圈的方式磨泥。一般餐廳為了長久使用，會準備兩塊磨板輪流用。

水針魚 針魚
さより

- 日 サヨリ
- 別 スズ、ハリウオ、ヨロズ、ヨド
- 英 Japanese halfbeak
- 産 11～3月

江戶前壽司冬季到春季典型的魚料，體型小的稱為「sayori」（サヨリ），超過40公分的會叫做「kannuki」（カンヌキ），這個字來自「門閂」的意思。水針魚剝掉魚皮之後，細白魚肉中間透出銀色的筋，非常漂亮，講究切法和捏製手法的話還可以做出花式握壽司。也有些人不花太多刀工，認為保留口感比較好吃。剝下來的魚皮卷在竹籤上炙燒，就成了一道下酒小菜。水針魚在江戶時代屬於醋漬魚料，現代因為方便保持鮮度，無論生食、撒鹽或是用白板昆布夾漬等，多了許多調理的方式。

漂白棉布 さらし

特別指漂白過 100% 木棉材質的布，「sarashi」同時也指漂白這項作業。壽司師傅每切一次魚料就會用這種棉布擦拭刀具及砧板，清洗、擰乾棉布時也潔淨雙手。

竹籃 ざる

壽司餐廳裡用竹子編成的篩籃，有圓形、方圓形，還有各種大小。一般竹籃的用途除了瀝乾水分，還用在魚撒鹽醃漬，或是在魚皮上淋熱水（p.193）時。

土魠魚 鰆

日	サワラ
英	Japanese Spanish mackerel
產	12～2月

土魠魚的日文漢字寫成「鰆」，容易讓人以為是春季盛產的魚類，不過還是以寒冬油脂豐厚時最美味。由於關西地區到了春天能捕獲產卵前聚集到瀨戶內海的土魠魚，通常習慣連卵和魚白一起吃，很多人就會把春季當成土魠魚的產季。連同魚皮一起以燒霜（p.192）的手法處理之後再切片捏成握壽司，可感受到香氣十足的油脂在口中擴散開來。

山椒 山椒

芸香科花椒屬的落葉灌木植物，雌雄異株，只有雌株會結果。包括嫩芽、雄花（花山椒）、果實（實山椒）、果皮都能食用，一般作為香料使用的是成熟變紅的果實取下果皮乾燥之後製成的粉末。壽司有時會用山椒嫩葉裝飾，或是將用醬油、味醂一起蒸好的實山椒拌入壽司飯裡做成豆皮壽司（p.49），也可以搭配星鰻吃。此外，乾燥後的山椒果皮也能作為芳香性健胃藥等藥物。

山水盛 山水盛り

和食的基本裝盤方式，在大盤一側把食物堆高，呈現高山的意象；前方的食物排放得低，象徵流水。

秋刀魚 秋刀魚

日	サンマ
別	サイラ、サザ、サヨリ、セイラ、カド
英	Pacific saury
產	8～11月

秋刀魚的產季在秋天，但在油脂增厚之前的盛夏秋刀魚，做壽司也能充分發揮鮮美的鮮味。能夠搭配紫蘇、細香蔥、薑等佐料一起吃，或是用醋、醋蛋黃、昆布等醃漬，還可以炙燒、搭配蘿蔔泥等，多種吃法都美味。

三片切 3枚おろし

最常見的切魚方式，將整尾魚分成上身、下身與中骨，共三大片。

① ②背 ③中骨 ④另一側也用同樣的方式下刀即完成!! 腹

秋刀魚壽司 さんま寿司

從三重縣志摩半島到和歌山縣熊野灘沿岸一帶，以及奈良縣部分地區都看得到的鄉土料理，將秋刀魚剖開，經過鹽漬，鋪在壽司飯上做成押壽司。剖魚的方式有的地方是剖背（p.128），有些地方是剖腹（p.164）。這個地區也會用秋刀魚來做熟壽司，此外靜岡縣伊豆也有秋刀魚壽司的鄉土料理，只不過用的是經過醋漬的秋刀魚。

GHQ G H Q

駐日盟軍總司令（General Head quarters, the Supreme Commander for the Allied Powers）的簡稱，第二次世界大戰後，為落實《波茨坦宣言》而在日本執行政策的聯合國軍事機構。當時的日本因為戰爭期間執行糧食管制，餐飲店的經營愈來愈困難，到了戰後更在1947（昭和22）年因為GHQ的飲食營

業緊急措置令，除了配給外食券的餐廳都勒令停業。一群設法經營的東京壽司師傅主動與GHQ交涉，於是東京在同一年，京都則在2年後認可了「委託加工制度」。所謂委託加工制度，就是顧客自行攜帶一杯米付工錢請壽司餐廳捏製十貫握壽司。雖然魚也是採配給制，但據說還是能利用未受管制的貝類、淡水魚，妥善處理作為魚料。一杯米製成十貫，計算起來比現在標準的壽司稍微大一點，但也因為有了委託加工制度，使得江戶前壽司在某種程度上有了一套標準。

60日圈 十貫握壽司 一杯米

香菇 椎茸

食用菇類，無論新鮮的生香菇或是乾香菇用水泡發後，都可以煮成鹹鹹甜甜的口味用在壽司裡。一般來說除了用在什錦壽司和海苔卷，也是各地鄉土壽司裡常見的配料。

叫我嗎？

進貨 仕入れ

以銷售給消費者、零售商為目的，向批發業者購買的行為。採取個別進貨的壽司餐廳，在進貨時分成自行前往魚市場（p.51）親自挑選魚貨的購買形式，或是事先向特定批發商訂購請對方送貨的形式，也可以兩者並行。大型連鎖餐廳的話，也會一併進貨直接送往中央廚房加工。

JSIA 壽司講師協會

JSIA寿司インストラクター協会

東京壽司學院株式會社內以花式海苔卷壽司為主的壽司技術認定機構。

鹽 塩

乾燥海水或是挖掘岩鹽提煉所得、主要成分為氯化鈉的調味料，在日本，為了穩定供應食鹽，訂了「鹽事業法」，並在第一章第二條明訂，「『食鹽』為氯化鈉含量超過百分之四十的固形物，然智利硝石（硝酸鈉）、鉀鹽鎂礬、雜鈉鉀鹽等財務省訂定礦物除外」。就國際規定來看，食品法典委員會（Codex Alimentarius Commission）對於食鹽的定義則是純度要在 97% 以上（只有法國是 94%）。除了氯化鈉之外的鎂、鈣、鉀等成分的含量會使得口味不同，價格也有很大差異，因此壽司餐廳通常會準備好幾種，根據用途來挑選。

相關詞 昆布鹽（p.96）、櫻鹽（p.101）、柚子鹽（p.193）

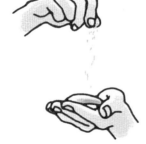

鹽辛 塩辛

把切碎的海鮮加入用鹽醃漬的魚貝類的內臟，發酵製成的保久食品。通常只講「鹽辛」的話，指的就是用花枝製作的食品，但包括用鰹魚做的「酒盜」，還有磷蝦、章魚、丁香魚、海鞘等各種材料都能使用。壽司餐廳除了會提供鹽辛作為下酒小菜，也會利用鹽辛來做軍艦卷或海苔卷。

時價 時価

因應市場價格變化而浮動的銷售價格，壽司的售價因店家而異，有的會將每一種魚料價格全部標示出來，也有完全不標價的店家，或是部分魚料標示「時價」，其他魚料則標示固定價格。近年不少以時價供應的高級壽司餐廳，會以無菜單（p.63）套餐的方式訂出價格。如果還是不放心，訂位時可以先提出預算及喜好，這樣結帳時就不必來回確認。經常聽到有人說「看到帳單嚇一大跳！」不過，穿著光鮮亮麗的顧客、應酬、態度傲慢的顧客、不點餐卻待很久的顧客等等，的確會覺得比較貴。但其實是因為當天的魚價較高，或是同一天同一種魚但使用了比較好的部位等，並不會光看師傅個人的喜好就決定價格。魚價會因為產季之前數量較少，或是氣候不佳、魚獲量少而一時上揚，若遇到魚獲量少的年度，價格則會整年居高不下。尤其由競標來決定價格的鮪魚和海膽，價格更會大幅變動。實際到市場走走就會了解，魚價每天都在上下變動，掌握到價格動向的同時，更能了解「時價」代表的意義。

備料 仕込み

餐廳為了能在接受點餐後迅速提供餐點，必須事先進行的處理。一般來說，壽司餐廳要先把魚切成塊狀（冊），或是先用醋、昆布醃漬，抑或紅燒之後再放進魚料盒裡，這樣才算完成備料；不過遇上宴會等要在短時間內製作大量壽司的話，也要把切片（p.84）包含進備料作業中。

柳葉魚壽司 シシャモ寿司

只有每年 10～11 月在北海道勇拂郡鵡川町才吃得到的生鮮柳葉魚握壽司，在超市可以看到棲息在北大西洋及鄂霍次克海的進口貨，這是外型類似柳葉魚的毛鱗魚，柳葉魚壽司使用的種類在全球只有北海道的太平洋沿岸及一小塊區域才捕撈得到。

紫蘇 シソ

唇形科紫蘇屬植物，原產於印度、中國、東南亞等地。綠紫蘇在日本又稱為「大葉」，適合搭配各種海鮮，經常用來當作壽司的佐料，或是搭著生魚片吃。紫蘇有長了許多小花的花穗，在花剛開時摘下的叫做「紫蘇花穗」，等到花期結束結成果實的狀態摘下，

就叫做「穗紫蘇」，都可以當作生魚片配料（褄，p.145）。至於花色，綠紫蘇花是白的，紅紫蘇的花則是紫色。紫蘇的嫩芽稱為紫蘇芽，綠紫蘇是「青芽」，紅紫蘇是「紫芽」，一樣都可做為生魚片配料。

下身 したみ 下身

將魚頭朝向左側，腹部靠近手邊時，位於下方的部分稱為「下身」。在市場上流通時習慣將魚頭朝左側擺放，而下身因為在上身（p.55）的下方，魚肉比較容易受損，因此相較之下價格低，而且要先使用。另一方面，剖開的星鰻則將尾側的一半稱為下身。星鰻使用上身及下身時捏製壽司的手法不同，使用下身時以表皮一面捏製是基本的手法。原因有諸多說法，不過因為星鰻燉煮之後上身在表皮上方會凸起，下身則是魚肉一側容易捲起來，為了更貼合醋飯很自然就形成這樣的習慣。

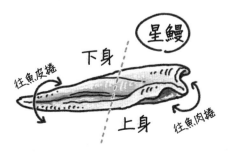

黑芥酸鉀（sinigrin）

シニグリン

山葵辛辣口味的成分來源，但其實黑芥酸鉀本身並不辛辣，而是帶苦味。山葵磨泥時由於細胞遭到破壞，黑芥酸鉀與芥子酶（myrosinase）這種酵素起了反應，而葡萄糖與硫酸氫鉀分離後，會產生辛辣成分異硫氫酸烯丙酯（Allyl isothiocyanate）。吃山葵時，在辛辣中會感覺到一股甜味，原因就是其間也產生了葡萄糖。順帶一提，日本研究團隊發現要叫醒睡著的人，空氣中需要一定濃度的異硫氫酸烯丙酯，便利用這項發現開發了山葵警報裝置，還因此獲得 2011 年的搞笑諾貝爾獎。

沒有辛辣味

⬇

辛辣味

篠田統 篠田 統

出身於大阪的食物歷史學家，著有《壽司之書》（柴田書店／ 19661、岩波現代文庫／ 2002）以及《壽司的故事》（駸駸堂Uniconcolor 雙書／ 1978）。書中詳細介紹了握壽司出現之前，也就是壽司的原型「熟壽司」，以及作為日本各地鄉土料理的各種壽司，或許能視為「壽司歷史教科書」。

白魽 縞鰺

- **日** シマアジ
- **別** シマイザキ、コセ、コセアジ、カツオアジ、オオカミ（特大のもの）
- **英** White trevally、Silver trevally、Striped jack、Silver bream
- **產** 6～8月

白魽是竹筴魚類裡最高級的一種，雖然是竹筴魚卻被視為白肉魚，事實上血合部位顏色很深，但魚肉其他部分都是像白肉魚一樣的乳白色。野生的白魽非常高級，不過四國、九州地區的養殖種味道也很好，而且供應穩定，容易取得，價格也相對實惠。搭醬油當然沒話說，其他像是醬油＋柑橘、鹽＋柑橘或是漬昆布都很美味。腹肉經過炙燒後沾點鹽，鮮美的油脂令人難以抗拒。

島壽司 島寿司

東京都八丈島的鄉土料理，因為外觀而另有「鱉甲壽司」的別名。乍看之下像握壽司，但具有醋飯偏甜，魚料經過醬油醃漬（p.144）這些特色，另外由於山葵不容易取得，使用黃芥末來代替。魚料用的是島上能捕撈到的各種魚類，像是鯛魚之類、鰹魚、旗魚、鬼頭刀、飛魚等。由於小笠原群島有很多來自八丈島移居的居民，這種壽司在小笠原群島也看得到，只不過魚料用的是土魠魚。

清水壽司博物館

清水すしミュージアム

位於靜岡縣靜岡市清水區 S-pulse dream plaza 內的壽司主題樂園，裝潢走江戶時代風格，除了能實際瞭解握壽司誕生時的情境，還有其他多彩多姿的展示。

所在地：靜岡縣靜岡市清水區入船町13-15
電話：054-354-3360
營業時間：11:00～18:00
URL：https://www.dream-plaza.co.jp/enjoy_
dreamplaza/sushim/

考驗理解力

霜降 霜降り

①和食的調理手法，將食材先用熱水汆燙再泡進冰水，只加熱食材表面，藉此殺菌、去除腥味。不同料理與食材，加熱的程度也不一樣。切下壽司魚料使用的肉，拿剩下的魚骨、魚雜熬高湯時，為了把魚鱗、血管、血合部位去除乾淨，要加熱到能讓想去除部分的蛋白質適度變性。泡水之後，血合部分輕輕一剝就能去除。事先經過霜降處理，就能熬出毫無腥味的高湯。

冰水

②鮪魚也跟牛肉上能看到的油花一樣，有細細的脂肪彷彿降下的霜，因此稱為霜降。以部位來說，霜降指的就是前腹（p.163）。

蝦蛄 蝦蛄

- 日 シャコ
- 別 ガサエビ、ガタエビ、シャエビ
- 英 Mantis shrimp
- 產 6～10月

外型雖然像蝦，但味道比蝦來得清淡，類似螃蟹。每年春季到夏季也會出現帶卵的蝦蛄，稱為 Katsubushi，完全不同的口味，同樣令人期待。每隻蝦蛄從螯足只能取出一點肉，會當作珍味做成軍艦卷。因為鮮度不容易保持，一般調理多半是汆燙後沾上甜醬汁（p.145），但如果遇到新鮮的也可生食，會比汆燙後更鮮甜。如果到了產地，一定要試試生食蝦蛄。

幼魚壽司 ジャコ寿し

和歌山縣紀川地區的鄉土料理，使用在紀川捕撈的淡水幼魚，乾烤之後以甘露煮的方式調理，然後鋪到壽司飯上。

あ か さ た な に ま や ら わ

舍利 しゃり
舍利

原先指的是釋迦牟尼佛的遺骨，但也是壽司醋飯（shari）的語源。在日本，僧人都用「shari」來稱白飯，壽司餐廳也用了同樣的稱呼。一種說法是釋迦牟尼佛的遺骨舍利子看起來就像米粒，另一種說法則是梵語中的米（sari）與遺骨（sarira）相似，在傳入日本的過程中有所混淆。

製作醋飯 シャリ切り

在剛蒸煮好的飯裡加入調合醋（p.44），製作成壽司用的醋飯。飯煮好之後立刻從飯鍋盛到「飯切」（p.165）裡，均勻淋上調合醋，再用宮島（p.185）把成塊的飯用「切拌」的方式迅速朝水平方向翻動。這項作業可以不壓碎飯粒，讓飯粒顆顆分散，製成醋飯。時間花得太久飯粒會開始變得有黏性，因此動作要快。

學藝（修業） しゅぎょう
修業

日本有很多話都是用來描述壽司師傅學藝的狀況，像是「炊飯3年，調醋5年，捏壽司一輩子」或是「炊飯3年，捏壽司8年」等，這些規定會因為餐廳宗旨與當事人的資質而異，但據說從無經驗的學徒進入餐廳，5年之內是不允許捏壽司服務顧客的。「鮨增田」的增田師傅過去曾在銀座超紅名店「數寄屋橋次郎」學藝9年，據說有長達7年時間都沒機會能捏製壽司。即使如此，如果學得快，還是可以擔任處理小魚等工作，一般來說，負責的工作內容也會逐漸升級，並不是真的3年之內只學炊飯一項。只是，捏壽司及備料的手法，多數店家仍認為觀察師傅、師兄弟的技巧自行學習是理所當然的，很少師傅會親自每個步驟一一傳授。有些師傅更是將專業職人的氣質發揮到淋漓盡致，弟子嘗試捏了握壽司，師傅也只會評論「好像哪裡怪怪的～」並不會明確給予指導。學藝期間，練習時會用漂白棉布（p.104）、豆渣（p.60）代替白飯，用報紙代替海苔等。在還沒學成的階段固然辛苦，但偶爾獲得師兄誇獎，或是顧客的一句鼓勵「加油唷！」、有機會做散壽司當員工餐時，都能提振工作士氣。

熟成 （熟成 じゅくせい）

食物在收成捕獲後不立刻吃掉，而放一段時間等待口感的變化與風味生成。自古以來就有肉類熟成的做法，但近年連魚也開始有人使用熟成手法，甚至出現了以「熟成壽司」著名的餐廳。以前就有白肉魚經過 2～3 天的熟成風味會增加的說法，但近年流行的熟成指的是更長時間，而適當的時間因魚種而異，長的甚至可達 1～2 個月。

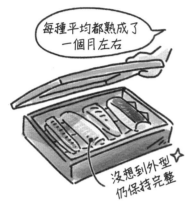

每種平均都熟成了一個月左右

沒想到外型仍保持完整☆

出世魚 （出世魚 しゅっせうお）

隨著各個成長階段有不同名稱的魚，有時候在不同地方還有特殊的名稱，以下介紹幾個具代表性的種類。

青魳
| 關東 | ワカシ（ワカゴ）10～30cm | ⇨ | イナダ 30～60cm | ⇨ | ワラサ 60～80cm | ⇨ | 青魳 80cm～ |
| 關西 | モジャコ（幼魚）| ⇨ | ツバス 10～15cm | ⇨ | ハマチ 20～40cm | ⇨ | メジロ 50～70cm | ⇨ | 青魳 80cm～ |

紅魳
| 關東 | ショッコ 35cm以下 | ⇨ | シオゴ ～60cm | ⇨ | アカハネ ～80cm | ⇨ | 紅魳 80cm～ |
| 關西 | シオ ～60cm | ⇨ | 紅魳 60cm～ |

鱸魚 コッパ（幼魚）⇨ セイゴ 20～40cm ⇨ フッコ 40～60cm ⇨ 鱸魚 60cm～

小鯽魚 新子 ～7cm ⇨ 小鯛魚 7～11cm ⇨ 中墨 11～15cm ⇨ 子代 15cm～

貝類的話，有時令的鳥蛤、干貝唷！

時令（旬） （旬 しゅん）

各類蔬菜、水果、海鮮等食材在一年之中最好吃的時期，有時候也指盛產期，但有些食材最好吃的時候未必就是盛產期。一般來說，魚類在繁殖期之前身體脂肪增厚，到了產卵期全身的營養都會給魚卵，因此多數魚類最美味的時期都是在產卵之前。以壽司魚料來說，有些餐廳全年都會放鮪魚，但也有店家只有當季才進貨，了解時令食材之後，經常就會忍不住為了品嚐當下美味一再光顧壽司餐廳。

蓴菜 （じゅんさい）

自生於水溫不易變動且水質清澈，淡水環境的水草。分布在全球各地，但能食用的種類據說只有在中國和日本，吃的是嫩芽部位。和食裡經常用來做下酒小菜或湯品，在壽司餐廳也是經典的初夏下酒菜。近年來隨著水質受污染，日本國內各地都將蓴菜指定為瀕臨絕種的物種（p.127），也在轉為農地的溼地進行栽培。

順序　順番
<ruby>順序<rt>じゅんばん</rt></ruby>

壽司師傅在接到無菜單（p.63）的點餐時，為了讓顧客能確實品嚐到每一道壽司的美味，通常會先從白肉或花枝等相對清淡的種類開始，接著依序是紅肉、貝類、蝦、亮皮魚等，後半段則是煎蛋、星鰻這類口味較濃郁的魚料，最後以海苔卷結尾，這是最傳統經典的流程。如果是搭配了多道下酒菜的無菜單套餐，則會在壽司與壽司之間安排醋拌小菜、燒烤料理、小碗湯品等，同時兼具清口的作用。即使是依照個人喜好（p.61）點菜的人，常進壽司餐廳的話，理論上也多半依照上述的順序來點餐。至於最喜歡的魚料要最先吃還是最後吃，這個話題可以拿來下酒，永遠也聊不完。

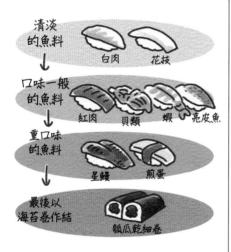

清淡的魚料
白肉　花枝

↓

口味一般的魚料
紅肉　貝類　蝦　亮皮魚

↓

重口味的魚料
星鰻　煎蛋

↓

最後以海苔卷作結
瓠瓜乾細卷

醬油　醬油
<ruby>醬油<rt>しょうゆ</rt></ruby>

主要使用黃豆、小麥、鹽為原料，經過釀造而製成的發酵食品。種類很多，有壺底油、淡色醬油、濃色醬油、二次釀造醬油、白醬油等。醬油的起源眾說紛紜，有一說是在7世紀左右以「醬」（草醬、穀醬、豆醬等各個種類）傳到日本，另有一說是鎌倉時代的僧人從中國將味噌帶回日本時，將味噌裡滲出的液體「溜」拿來當作調味料。江戶時代

初期之前，日本全國使用的都是在關西地區產生的壺底油，隨著江戶地區的發展，目前主要的醬油產地像是野田、銚子等地製作的是生產效率比壺底油來得快的濃色醬油。江戶時代之前的壽司，由於要保存魚料，據說口味都比較重，等到開始會將壽司沾醬油吃的時期，在關東地區常吃的應該是濃色醬油。在迴轉壽司餐廳等地，桌上都會放著市面上賣的小瓶裝醬油，但如果打著「江戶前壽司」（p.56）招牌的店家，通常不會只用醬油，還會有用酒、味醂、昆布等一起製成的熬煮醬汁（p.155），並用毛刷輕輕刷在握壽司上方。這類店家在準備下酒菜專用的吧台上放的醬油就不會是熬煮醬汁，而是直接拿搭配生魚片的濃色醬油、二次釀造醬油來使用。

職人介紹所　職人紹介所
<ruby>職人介紹所<rt>しょくにんしょうかいじょ</rt></ruby>

專門仲介壽司師傅求職或轉職的介紹所，這類公司領有厚生勞動大臣的許可，可從事職業介紹業務，想找工作的壽司師傅，以及想徵求師傅的壽司餐廳，雙方在支付會費後登

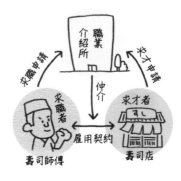

職業介紹所

求職申請　求才申請

仲介

求職者　求才者

雇用契約

壽司師傅　壽司店

錄會員，就能等待系統配對。職業介紹業務的範圍包括各行各業，除了壽司師傅也有其他領域的廚師，也有其他行業的介紹所。

女郎壽司
女郎寿司 じょろうずし

魚料比醋飯大很多的壽司，魚料垂到盤子上的狀態，看起來就像和服衣襬拖地，因而得名。這樣的壽司比例不對，一直以來都被視為沒什麼格調，但的確有些顧客喜歡醋飯少一點，也有些餐廳就是以大塊魚料為賣點，可說是憑各人喜好。另一方面，醋飯太多的壽司也會稱為女郎壽司，這是由風塵女子臉上會抹厚厚一層白粉引伸而來的稱呼。

銀魚
白魚 しらうお

日	シラウオ
別	アマサギ、シラス
英	Icefish
產	2～4月

棲息在半淡鹹水區域（海水與淡水交接的水域）的魚種，新鮮時體色透明，蒸過或是過度冷卻、死掉太久會變成白色。江戶時代在佃島可以捕到，是江戶前壽司的傳統魚料，在《緬懷與兵衛的壽司》（p.190）一圖中也有描繪。像我這種市井小民，對銀魚的印象就是做成軍艦卷（p.87），上方再搭配薑泥為佐料，不過講究的餐廳會用竹葉、紫蘇葉來妝點擺盤，不使用海苔直接捏製成壽司。至於調味，生鮮銀魚可以先用昆布漬過，或是放在櫻葉上用櫻蒸的方式處理。

魚白（白子）
白子 しらこ

魚類精囊在食用時的名稱，常見的魚種包括鱈魚、鯛魚、烏魚、鮭魚、河豚等。每年11月左右就會看到魚白上市，不久之後壽司餐廳也會推出為當季魚料，做成下酒小菜或握壽司。雖說魚白指的是同一個部位，但各種魚的魚白外型與調理方式都不同，通常做成握壽司的有河豚與鱈魚的魚白。鱈魚白備料時會切成一貫份大小，汆燙後泡冷水，然後將水分瀝乾。如果不用熱水汆燙而放進昆布高湯裡加熱，吃的時候會感受到一股昆布清香。迴轉壽司餐廳為了不讓魚白在移動中掉落，通常會做成軍艦卷，但如果是不用海苔的握壽司，就能充分享受到魚白單純的美味。在捏製壽司前先炙燒，能讓表皮稍微變硬且更有彈性，外側彈牙，咬開之後滑嫩的口感，帶著一絲焦香，真是極致美味。搭配鹽和醋橘、醬油和醋橘等，和柑橘類的調性很合。

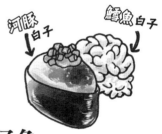

河豚 白子　鱈魚 白子

吻仔魚 シラス

日本鯷魚的幼魚，其實吻仔魚是統稱包括香魚、鰻魚、沙丁魚、鯡魚、玉筋魚等身體沒有色素的白色幼魚，但市面上看到可食用的幾乎都是日本鯷魚的幼魚。用加了鹽的熱水燙熟後，瀝乾水分就能捏成握壽司。如果夠新鮮也可以生食，不過只限於捕撈後幾小時就能食用的特殊環境。

壽司之神 二郎は鮨の夢を見る

2011 年上映的美國紀錄片，貼身跟拍「數寄屋橋次郎」的第一代老闆小野二郎和他的長子禎一、次子隆士，日本則是於 2013 年上映。採取完全事先訂位制，無菜單套餐的價格從 3 萬日圓起跳，幾乎連日本人也是一輩子都吃不到的高級壽司，卻能透過這部電影，讓國內外多數人得以一窺這個等級的壽司，也看到一心一意追求偉大目標的專業師傅，實在太美好。

蔥白 白ねぎ

蔥白對於消除油脂豐厚的魚類腥味非常有效，常用來拌入鮪魚泥（p.156）、鮭魚或竹筴魚。蔥白切碎之後拌點美乃滋鋪在鮭魚上，炙燒一下，就會讓鮭魚的口味變得截然不同。

白肉魚 白身

指魚肉呈白色的魚，運動量少，不具洄游性的魚類就屬於這種。白肉魚多沉潛在海底或岩礁之間，為了捕捉食物或逃避敵人時能迅速行動，身體上具有較多能夠發揮爆發力的白肌纖維，使得肌肉呈現白色。一般做為壽司魚料的種類有鯛魚、比目魚、鰈魚、星鰻、金目鯛、鱸魚、河豚、沙梭、黑喉、角仔魚、六線魚、星鰻類等。白肌加熱之後容易碎掉，所以清蒸過的黑喉在壽司餐廳裡會直接裝盤，並不會用來捏成握壽司。

陣笠 陣笠

壽司餐廳裡的行話（p.168），指的是香菇。陣笠原本是室町時代之後在戰場上使用，後來成為武士外出戴的斗笠，因為香菇的外型類似陣笠，才這樣稱呼。

新子 新子

出世魚（p.111）鯽魚（子代 p.91）的幼魚，「新子」原本是指各種魚的幼魚，但在壽司

餐廳講到「新子」，代表的就是 4～7 公分以下的小鯽魚。剛上市的新子 1 公斤要價超過 3 萬日圓，貴的時候甚至要 10 萬日圓以上。一次需用 5 片魚料交疊捏製，光是一貫壽司的魚料成本就要 1500 日圓。但因為魚的體型小，備料時非常費工，卻幾乎沒什麼利潤。然而，對於江戶前壽司而言，小鯽魚的地位舉足輕重。加上江戶人最喜歡吃剛上市的當季食材，餐廳不可能不進新子。我也會每年一到新子的季節就在週末興奮地前往魚市，買新子回來練習，不過這種小魚一下子就長大了，一星期之後的體型完全不同。一次使用 5 片魚料交疊捏壽司的練習大概一年只能有兩天，所以始終沒什麼進步。

仁丹 ジンタン

日本竹筴魚的新子，剖背（p.128）之後，以整尾來製作握壽司，也就是使用「丸付」（p.182）這個尺寸。

新米 <ruby>新米<rt>しんまい</rt></ruby>

在日本，新米與古米的區別並沒有明確定義，但通常古米指的是前一年收成的米，新米則是這一年收成的米。然而，根據日本「農林產品標準化與適當品質標示法」（JAS 法）的規定，若是精米就只限收成該年年底之前精碾及包裝的精米才能標示為「新米」。新米的水分含量高，容易有黏性，因此壽司餐廳一般不使用新米，最快也會等到隔年春天左右才開始使用。

黏放一團

醋

合成醋 <ruby>合成酢<rt>ごうせいず</rt></ruby>

大正時代開始製造的醋，稀釋以石油或石灰為原料合成的冰醋酸或醋酸之後，加入砂糖、酸味劑等製成。相對於合成醋，以釀造製成的醋會稱為「釀造醋」。釀造醋除了醋酸還有其他有機酸與胺基酸，口味自然不是合成醋可比擬，然而戰爭的關係，讓日本在 1937（昭和 12）年到 1953（昭和 28）年之間禁止以米來釀醋，一時之間成了合成醋的天下。戰後混亂逐漸平息，釀造醋重新生產，

合成醋的產量才逐年下降。此外，有些地方採取秤重販售調味料，也可以帶著釀造醋的空瓶去分裝購買合成醋，出現標示混亂不清的現象，因此在 1970（昭和 45）年「食用醋標示相關公正競爭規約」制訂之後，即使只加入少量冰醋酸或醋酸，也有義務標示為合成醋。或許是因為在戰後一段混亂時期使用了合成醋，現在幾乎已經不再生產，當然壽司餐廳也不會使用。

あかさたなにまやらわ

釀造醋		原料：穀類、果實、蔬菜或其他農產品、蜂蜜、酒精、砂糖類、醋酸發酵的液體調味料，不含冰醋酸及醋酸	
	穀物醋	原料：1 種或 2 種以上的穀物，每 1 公升含量 40g 以上	
		米醋	原料：米、每 1 公升含 40g 以上
		米黑醋	原料：米（＋小麥或大麥）、每 1 公升含量 80g 以上，經過發酵、熟成轉為（黑）褐色
		大麥黑醋	原料：只有大麥，每 1 公升含量 80g 以上，經過發酵、熟成轉為（黑）褐色
	果實醋	原料：1 種或 2 種以上的水果，每 1 公升含量 300g 以上	
		蘋果醋	原料：蘋果汁、每 1 公升含量 300g 以上
		葡萄醋	原料：葡萄汁、每 1 公升含量 300g 以上
合成醋		在冰醋酸或醋酸稀釋液中加入砂糖類等原料的液體調味料，以及加入釀造醋者	

醋

穀物醋 穀物酢

釀造醋的一種，原料使用 1 種以上的穀物，且使用總量為 1 公升釀造醋中占 40 公克以上。穀物醋裡含有的穀物，如果米占 40 公克以上則標示為米醋。穀物醋裡除了米醋、米黑醋、大麥黑醋，其他一律標示為穀物醋。穀物也包含了酒粕，酒粕使用量在 40 公克以上的粕醋也是穀物醋，但如果同時使用酒粕和米，而米的用量超過 40 公克的話就會標示為米醋。

米醋 米酢

穀物醋，原料使用米，而且用量是 1 公升穀物醋中超過 40 公克者（米黑醋除外）。

釀造醋 釀造酢

使用穀物（包含酒粕）、果實、蔬菜及其他農產品、蜂蜜、酒精、砂糖為原料，經過醋酸發酵製成的液體調味料，並且不得使用冰醋酸或醋酸，釀造醋中不屬於穀物醋或果實醋的都標示為釀造醋。

紅醋 赤酢

紅醋並沒有正式的定義，一般來說是指以熟成酒粕為原料釀造之粕醋之中，顏色偏紅的，市面上就稱為紅醋。粕醋中標示為純酒粕醋的，因為原料不含清酒或釀造酒精，所以更加濃純且通常價格昂貴。江戶前壽司的醋飯製作時使用紅醋，近年來連一般大眾都知道了，現在使用紅醋做醋飯的店家也愈來愈多，2018 年起連鎖迴轉壽司餐廳「壽司郎」也開始用起紅醋。紅醋含有豐富的胺基酸，可以減少砂糖用量，或完全不加糖來製作調合醋（p.44）。因此，用紅醋做的醋飯更健康，而且適合搭酒。有些店家還可以只嚐醋飯，或是在醋飯上淋鹽味魚骨湯（p.44）。另外，也有店家會因為搭配的魚料使用不同醋來製做醋飯，還有的會在顧客面前將紅醋淋上剛煮好的白飯來製作。能看到店家用這些方式表現出對醋飯的講究，站在顧客的角度也是一段賞心悅目的時光。紅醋不僅可以用來做醋飯，也可以拿來醃魚，又因為紅醋在燉煮後會變得類似巴薩米克醋，會搭配白肉魚握壽司。

比較醋飯的口味

粕醋 粕酢

以酒粕為原料釀造的醋，由食品廠商「味滋康」（Mizkan）的創辦人中野又左衛門在江戶時代發明，最初製造於愛知縣半田。江戶前壽司初期流行時用的是米醋，但米醋的價格很高。對於出身釀酒世家的中野又左衛門而言，酒粕是釀酒時產生的副產品。用酒粕來生產粕醋，如果暢銷就能大賺一票，然而要是釀造中的酒混入醋酸菌，所有的酒都會變成醋而報銷，釀酒廠要生產醋，的確是一大挑戰。中野又左衛門成功生產粕醋之後，從尾州半田用大型木造帆船（弁才船）將粕醋運到江戶銷售。粕醋便宜的價格與美味，搭醋飯正合適，可說是江戶前壽司流行的一大助力。使用長時間熟成，變成褐色的酒粕釀造醋，顏色帶點紅，因此也稱為紅醋，用來做醋飯會讓醋飯變成山吹色（編按：日本傳統色彩中如棣棠花的獨特黃色。）。在江戶，有一段時間都是用粕醋來做壽司，但隨著粕醋價格逐漸提高，加上戰爭時為了保留足夠食用米，減少了酒粕生產，連帶使得粕醋的釀造陷入困境。除此之外，戰後因為糧食短缺，有些進口米糧因為發霉變黃，有顧客懷疑使用紅醋的醋飯就是變黃的劣米，多數店家都從紅醋改用白醋。到了現在，使用米醋的壽司餐廳還是比粕醋來得多，但關東地區的老店以及少數高級餐廳至今仍使用粕醋。

新鮮酒粕

3年熟成

葡萄酒醋 ワインビネガー

以葡萄汁為原料的醋，一般來說不會用來做壽司，但在外國一些找不到米醋的地方，就會用白酒醋來代替。不過，要是香氣太重就會和壽司飯不搭，所以選便宜的比較好。

赤醋與兵衛
赤酢與兵衛

橫井釀造工業株式會社生產的紅醋，原料只用酒粕。赤醋與兵衛在製造上需要花費很長時間，產量很少，因此只供應營業用，一般消費者無法購買。該公司生產的其他紅醋（原料除了酒粕還有其他成分）有江戶丹念醋、金將、琥珀、珠玉等。

© 橫井釀造工業株式會社

潤朱 潤朱

三重縣御藏醋（譯註：秉持傳統工法自然釀造的醋。）的釀造商 —— 株式會社 MIKURA 生產的紅醋，以酒精和三年熟成的酒粕為原料，在木桶裡經過長時間醞釀而成。顏色比紅醋稍微淡一點，卻有紮實的味道。

© 株式會社 MIKURA

金將米醋
きんしょう 米の酢

橫井釀造工業株式會社生產的紅醋，原料有酒粕、米、酒精。有營業用的大瓶裝，很多知名壽司店都使用。

© 橫井釀造工業株式會社

純米富士醋 純米富士酢

京都飯尾釀造出品的米醋，這款
醋的瓶身標籤上印著紅色富士山
的圖案相當醒目。這款醋使用京
都丹後山間無農藥栽培的米製作，
經過靜置發酵，美味又溫潤。褐
色的液體讓人很難與一般的米醋
聯想在一起，醋味飽滿，加了鹽
之後多層次的風味與其他米醋截
然不同，還能讓醋飯變得更好吃。

白菊 白菊

味滋康推出的營業用米醋，主打
「適合作壽司飯的米醋」。

© 株式會社 Mizkan Holdings

但馬紅醋 但馬の赤酢

但馬釀造所生產的紅醋，原料只
用日本國產的純米粕。但馬釀造
所是 2008（平成 20）年才成立
的新公司，位於兵庫縣養父市，
以廢棄的前西谷小學校地為工
廠，這款醋味道豐富且溫和。

© 日之出 Holdings 株式會社

千鳥醋 千鳥酢

京都村山造醋生產的米醋，這款
醋的口味特別圓潤且帶有甜味，
包括壽司餐廳在內，許多和食師
傅都很愛用。原料中使用酒粕，
更散發出宜人的香氣。

© 村山造醋株式會社

富士手卷壽司醋 富士手卷きすし酢

京都飯尾釀造生產，稱為頂級富
士醋的米醋，重新調製沒有流通
到市面的紅醋而成，過去的品牌
名稱為「富士紅壽司醋」。不含
砂糖，充分展現紅醋美味的壽司
醋，很適合不喜歡一般量販店中
偏甜壽司醋的消費者。

山吹 山吹

味滋康生產的紅醋，分成原料只
有酒粕、口味濃醇的三判山吹，
以及原料中加入酒精的營業用通
路山吹兩種。味滋康的紅醋系列
中其他含有酒精的還有優選、特
釀優選等，但這些都只限營業用
通路販售。至於三判山吹，就是
江戶時代流行的紅醋握壽司所使
用的醋。時至今日仍遵循接近當
年的釀製方法，甜味與醋味都很
濃郁，不含砂糖，做成醋飯也很
美味。

© 株式會社 Mizkan Holdings

優選 優選

味滋康生產的營業用粕醋，以酒
粕為主要原料，屬於口味濃醇的
紅醋，特色是擁有紅醋獨特的深
色外觀。

© 株式會社 Mizkan Holdings

用醋清洗 <ruby>酢洗い<rt>す あら</rt></ruby>

為了去除竹筴魚等魚種的腥味且提高保存性所進行的備料手法，將醋與水以三比七的比例稀釋後，放進魚肉泡一下，然後用乾淨的布將魚肉上的水分擦乾。原則上這種手法多半用在腥味較重的青皮魚，但因為醋具有殺菌效果，也會用在貝類。雖然處理的時間很短，卻讓青皮魚變得非常美味，令人驚訝。這種手法和醋漬不同，因為醋經過稀釋，加上只短時間浸泡，魚肉吃起來並不會有醋的酸味。

只要迅速泡一下

飯鍋 <ruby>炊飯器<rt>すいはん き</rt></ruby>

炊煮醋飯的工具，每間店的規模與宗旨不同，不過壽司餐廳通常都使用一次可以煮好幾杯的大型瓦斯飯鍋。也有餐廳不自己煮飯，而是向其他專門煮白飯的大型廚房購買醋飯。

數字 <ruby>数字<rt>すう じ</rt></ruby>

壽司餐廳的同行經常會以代表數字的記號或文字來表達一些行話（p.168），點餐時的數字當然不用說，時間也會用行話來代表各個數字。比方說，午餐時間客人上門，但因為客滿了，請對方晚點再來時，會把「2 時左右再光臨」講成「兩點左右再光臨」。

あがり、ゲタお願いします！

* 麻煩上熱茶，geta（3）！

【例】

0 ＝やま（山，因為壽司店裡沒有山型的東西）

1 ＝ぴん（葡萄牙語「點＝pinta」）

2 ＝りゃん（中文「2 ＝兩」）、nonozi（平假名「の」的形狀）

3 ＝げた（木屐，因為木屐上有三處穿過鞋帶的洞）、kiri（桐木）

4 ＝だり（古時候轎子挑夫用的行話）

5 ＝めのじ（漢字「目」的筆畫數）、garen

6 ＝ろんじ（6 之字）

7 ＝せいなん（西南，時鐘 7 點鐘的角度）

8 ＝ばんど（8 原為 hachi → hachimaki（綁頭巾）→ bando）

9 ＝きわ（邊緣，個位數的最後一個數字）

10 ＝ぴんまる、ぴんころ

11 ＝ぴんぴん、あさ

12 ＝ちょんぶり

13 ＝そっきり

14 ＝そくだり

15 ＝あの

16 ＝そくろん

17 ＝そくせい

18 ＝そくばん

19 ＝そくきわ

梳引 <ruby>梳<rt>す</rt></ruby>き<ruby>引<rt>び</rt></ruby>き

使用柳刃刀去除魚鱗的手法，主要針對鱗片較細薄，或是魚鱗緊黏在皮上的魚種，切魚時不會因為去鱗對魚肉施加太多壓力。一般常見用在比目魚、鰈魚類，以及青魽。將刀刃從砧板上魚尾的方向抵住魚鱗下方，然後前後大幅滑動，讓刀刃朝魚頭方向推進，就能取下魚鱗和下方一層薄皮。

哎呀

杉本刃物 <ruby>杉本<rt>すぎもと</rt></ruby><ruby>刃物<rt>は もの</rt></ruby>

東京都築地場外市場的老字號刀具店，成立於1908（明治41）年。刀的好壞，一般外行人光是聽製作方法、金屬材質也很難理解，但這間公司官方網站上的產品介紹，針對一般人很容易誤會的狀況標註了簡單的注意事項，是間很誠實的公司。

© 杉本刃物株式會社

杉盛 <ruby>杉盛<rt>すぎも</rt></ruby>り

和食裝盤的方式之一，將食物堆得像是一座山。通常用在小碟的涼拌菜或醋拌菜的裝盤，但江戶時代會把壽司堆成類似杉樹的「杉形」。起初是堆疊押壽司的盛盤習慣，但後來認為握壽司也用同樣的裝盤方式看來比較高雅。現在常見的流盛（p.152），當

時是在花街柳巷才有的盛盤方式，被視為「沒有格調」，時至今日卻不知不覺成為主流。據說盛盤方式也會影響味覺，或許對現代人而言，看習慣的流盛會比杉盛更美味。

助六 <ruby>助六<rt>すけろく</rt></ruby>

稻荷壽司和海苔卷的組合，名稱的由來眾說紛紜，據說市川團十郎一門最受歡迎的歌舞伎十八番「助六所緣江戶櫻」流行的時候，江戶頒發了禁止奢華浪費的儉約令，於是有了大家熟知的「揚卷」，也就是以油豆皮代替魚，加上海苔卷的組合，這是從「助六」的情人，名叫「揚卷」的花魁來命名，而外帶盒也就跟著這個由來稱做「助六」。

須古壽司 <ruby>須古<rt>す こ</rt></ruby><ruby>寿<rt>ず</rt></ruby>し

佐賀縣杵島郡白石町須古地區的鄉土料理，壽司飯裡加入了大約一成的糯米，把壽司飯

塞進稱為「麴蓋」的木盒後，將醋飯以正方形分成四等分，鋪上配料。常見的配料有彈塗魚甘露煮、奈良醬菜、滷得甜甜鹹鹹的香菇、牛蒡、蝦、紅薑、魚板、肉鬆、蛋絲等。

鮓 すし

代表壽司的漢字之一，是中國古代的漢字，傳來日本時指的是當時的熟壽司（p.154）。在中國第三古老的辭典《釋名》中提到，「鮓，菹（醃菜）也」、「以鹽米釀之如菹熟而食之也」，由此可知指的是熟壽司。

鮨 すし

代表壽司的漢字之一，和「鮓」一樣，都是從中國傳來日本的古漢字，用來代表當時的熟壽司（p.154）。中國最古老的辭典《爾雅》中提到「鮨」的有這段文字，「魚謂之鮨，肉謂之」；而在第二古老的辭典《說文解字》裡則有「鮨，魚 醬（醃漬魚醬）也」可知這個字原本指的是魚的醃漬物（醢則是醃漬肉醬）。然而，在中國的三國時代（220～265 年）出現《爾雅》的續篇《廣雅》，提到「（魚岑）、鮺、鮨，鮓也」，意思是鮨＝鮓，兩者變得沒有差別。奈良時代傳到日本時，兩個漢字已經都是壽司的意思。平安時代到室町時代之前的壽司就是熟壽司，說起來還是用「鮨」這個字，但到了室町時代出現了生熟壽司（p.154）、早壽司（p.163），多半就是用「鮓」這個字了。到了江戶時代，愈來愈多接近現代握壽司的類型，多數人使用的漢字又成了「鮨」，可見只要每次對壽司的認知改變，使用的漢字就會跟著變化。

壽司 すし

組合醋飯和海鮮或蔬菜的日本料理，「壽司」這個漢字是江戶時代末年才出現的和製漢字，因為壽司通常在祭典或節慶中都會準備，是代表吉利的食物，從「司掌長壽」的意思取用了這兩個字。

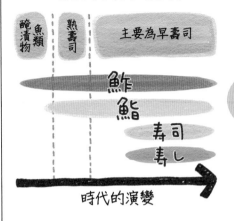

各個字代表的意義

醃漬物　魚類　熟壽司　主要為早壽司

鮓
鮨
寿司
寿し

時代的演變

壽司石垣 すし石垣 _{いしがき}

以「壽司石垣」之稱展開活動的埼玉縣職業高爾夫球選手，本名是石垣聰志。之所以取這個藝名，想要表達「壽司是代表日本的食物，我也希望不只在日本活躍！」

©JGTO

賣壽司之歌 すし売りの歌

江戶時期有首歌這麼唱，「拐騙和尚還俗，要他去賣小鯽魚壽司」。因為過去很多僧人都是美男子，才想讓他們去兜售壽司，但其實這是首改編歌曲，原曲出自《天言筆記》（1846（弘化3）年）裡的「拐騙和尚還俗，要他去賣稻荷壽司」。歌詞中帶有揶揄宗教的意味，指若有墮落的僧人就以稻荷信仰來喚醒。當時的稻荷壽司就跟海苔卷一樣，細細長長，一根十六文錢，半根八文錢，一塊四文錢，可以分開來賣。細長的稻荷壽司至今仍是埼玉縣熊谷市妻沼地區的鄉土料理，至於稻荷壽司在改編時變成小鯽魚壽司，猜想是因為江戶當地人很喜歡小鯽魚。

壽司桶 寿司桶

一般家庭用來將煮好的飯加入調合醋製作醋飯的木製飯桶，但在壽司餐廳通常有另一個名字「飯切」（p.165），提到「桶」的話，通常指的是在店裡或外送時用來盛裝壽司的器物，可能是漆器或塑膠材質。若是木製的，一般會用日本花柏或檜木。

相關詞 飯桶（p.62）

外帶壽司 寿司折

裝在稱為「折箱」外帶盒裡的壽司，一聽到「壽司折」，每個日本人都會馬上聯想到，喝得微醺的爸爸回家時手上拎著一盒壽司。不過，真正買過的人應該不多。每間餐廳的做法不同，提出要求的話多半還是會特地製作外帶餐盒，因為得花點時間，禮貌上要事先提出。

壽司學（Sushiology）
スシオロジー

以自然科學加上歷史地理學的角度來分析、研究壽司的學問，一般認為這是篠田統（p.108）創造出來的字彙。此外，在美國、英國等地有多間不同的日本餐廳也使用了「Sushiology」作為店名。

壽司檢定 すし検定

由日本「全國壽司連」（p.128）舉辦，測試壽司相關知識的檢定。只要從25題提問中答對20題就算合格，並頒發合格證書。

筋子 <ruby>筋子<rt>すじこ</rt></ruby>

就是鮭魚卵，一般我們說的鮭魚卵（ikura，イクラ）指的是已經將筋子外層薄膜去除後剝散的狀態。取一只大碗裝熱水，把筋子放進去再用筷子攪個幾圈就能輕易剝除薄膜。雖然也有使用網子來剝除的方法，但用熱水可以把剛剝好還溫溫的鮭魚卵直接製作手卷壽司，超級美味。有些餐廳會先把筋子讓客人看過，直接當場剝除薄膜。另外也可以不把筋子完全剝散，稍微攤開之後去除多餘的薄膜、血管，浸泡在熬煮醬汁（p.155）中，切下適合製作握壽司的大小來捏製。由於不使用海苔，可以品嚐到鮭魚卵單純的美味。這是只有在時令才吃得到的握壽司，同個季節好吃的還有柚子，削點柚子皮拌進醋飯裡，口感更清爽。

用筷子攪個幾下

筋子卷 <ruby>筋子巻き<rt>すじこまき</rt></ruby>

包筋子的細卷，這是為了嗜酒顧客而生的海苔卷。無論當作開胃小點，或是酒醉飯飽最後的結尾，都很適合。

壽司職人養成學校
<ruby>寿司 職人養成学校<rt>す し しょくにんようせいがっこう</rt></ruby>

不屬於學校教育法制度內的專門學校，而是為了讓有意成為壽司師傅的人學習技術的教育機構。近年來設立了這類學校後，大大改變了過去對於壽司師傅學藝（p.110）必須經歷「炊飯三年，捏壽司八年」的認知。包括東京壽司專門學校（2002 年設立）、名古屋壽司學院（2014 年設立）、日本壽司學院（2016 年設立）等，這些機構大多會以幾個月到一年的頻率開設課程，聘請具有實務經驗的壽司師傅為講師，從頭教授壽司相關知識及技巧。相較於到壽司餐廳當學徒，得不到師傅親自傳授只能在工作時靠自己觀察學習，也就是過去的「職人精神」，這類學校可以在短時間裡接受完整的課程訓練，是最大的賣點。相對地，這種學校學不到壽司餐廳裡的實務經驗。壽司師傅跟其他類型的廚師不同，必須在調理時和吧台前的顧客互動，所以這類經驗還是要實際在餐廳學藝才容易獲得。

壽司打 <ruby>寿司打<rt>すしだ</rt></ruby>

用來練習打字的免費遊戲，螢幕上會出現移動的迴轉壽司餐盤，盤子經過面前時如果能正確打出畫面中出現的字，就能吃到壽司，看在一定時間內能吃到多少壽司。

剩下 50 秒

噠噠噠噠…

NG 壽司海苔 すしはね

壽司專用的海苔在選別過程中如果有裂開或破洞的，就叫做 NG 壽司海苔。跟正規的壽司海苔比起來價格低，但仍舊是壽司專用的海苔，和一般做飯糰用的海苔相較之下還是高級一些。

壽司美味無與倫比
鮨ほど旨いものはない

2015 年 BS 東京電視台製播的節目，現在還是能在一些影片網站上看到。由笹野高史、西岡德馬、神保悟志三人分別前往位於北海道（鮨一幸）、福岡（天壽司）及東京（鮨增田）的高級壽司名店，內容只是花兩小時品嚐大約二十貫份量的無菜單套餐，但每一貫壽司都在仔細運鏡下拍攝得很美，並且處處可看到一流專業師傅的手法與調理的過程，對於還在進修的壽司師傅是值得永久保存觀摩的範本。

相關詞 漫畫（《慰勞自己的獨享壽司》p.183）

醋漬 酢じめ

魚抹鹽脫水之後，泡在醋液裡，這樣不但能去除魚腥味，同時也是能提高保存性的備料手法（p.107）。原則上這種處理方式大多針對亮皮魚（p.165），但明蝦也會用醋蛋鬆（p.83）來醃漬。過去的主要目的是為了延長保存，所以會長時間浸泡醋裡，但現代有了進步的冷藏技術，可以根據師傅的喜好來調整口味，發揮的空間更大。尤其江戶當地人出了名喜歡的小鯽魚（p.92），到了現代仍是許多自稱壽司愛好者鍾情的一道，對這些人來說，醋漬的口味差異似乎就是評斷一間餐廳水準的標準。

鱸魚 鱸

- 日 スズキ
- 英 Japanese sea bass
- 產 6～8月

幾乎沒有血合肉，肉質純白的魚。有時候也會用來做為壽司魚料，但常見到的還是生魚片或做成下酒小菜。如果要做握壽司，除了去皮使用，還可以連皮炙燒。肉質軟嫩且甘甜，是夏季代表性的壽司魚料。

雀開 すずめ開き

包含魚頭在內從背側剖開成一大片的方式，要做魚乾的話一般都會用這種剖法，有時候遇到香魚、秋刀魚、鯽魚等需要使用一整尾來製作鄉土料理時也會採用雀開。

醋橘 スダチ

芸香科柑橘屬的植物，原產於日本德島縣。產季 8～10 月一顆幾十圓就能買到，但到了寒冬期間，市面上只有秋季採收的冷藏庫存，若是春季到初夏在溫室栽培的醋橘一顆可以賣到兩、三百圓。各種和食中都可以用醋橘汁來代替醋，為了在吃生魚片、秋刀魚、松茸的時候隨上醋橘汁，也會隨餐附上切開的果實。和許多壽司魚料搭起來都好吃，如白肉魚、甲殼類、花枝、貝類、星鰻、江戶前壽司經常會在握壽司上抹熬煮醬汁，然後滴幾滴醋橘汁，或是擠幾滴醋橘汁之後再撒點鹽才上菜。

相關詞 柚子（p.192）

竹木格墊 簀子

過去壽司餐的吧台裡都會在地上鋪這種竹木格墊，主要的目的是如果有掉在地板上的魚肉、飯粒都可以沖水就能打掃乾淨，非常方便，師傅每天久站也不容易腳痠。只是，這麼一來每天打掃時就必須連帶清洗格墊，也很辛苦。因此，新開的店多半視老闆喜好，有些餐廳也不再使用。另外，魚料盒裡也常看到在冰塊上鋪迷你格墊，然後上方再放滿魚料。

辣鮪魚卷 スパイシーツナロール

使用辣醬製作的反卷鐵火卷（p.146），辣醬用的是韓式辣醬，或是辣椒醬、豆瓣醬、Tabasco 之類，再加上美乃滋、麻油、蔥等。將事先拌過醬汁的鮪魚還有小黃瓜、萵苣、酪梨等喜歡的蔬菜，用半張海苔卷起來。盛盤後再淋一次醬汁，這是美國常見的海苔卷，在美國的超市熟食櫃裡堪稱固定班底。

蜘蛛卷 スパイダーロール

將酥炸軟殼蟹擺得像蜘蛛一樣製作的中卷（p.143），軟殼蟹沾點太白粉用沙拉油酥炸，然後加入美乃滋、小黃瓜、蘿蔔嬰、萵苣等一起卷起來。讓軟殼蟹的蟹腳豪邁地露出來，就是令人食指大動的祕訣，所以要把海苔轉成縱向來包成中卷（插圖裡的是反卷壽司（p.55.））。裝盤後用醬汁畫上蜘蛛網的圖案，看起來就更有蜘蛛的感覺了。

煙燻鹽 スモークソルト

採用煙燻或添加煙燻液另增風味製成的鹽，用鮭魚做握壽司時，最後在上面撒點煙燻鹽，吃起來就會有煙燻鮭魚的味道。鮭魚腹握壽司在炙燒後搭配煙燻鹽，就成了非常鮮美多汁的壽司。除了鮭魚，像是干貝、花枝、熟蝦等適合煙燻的食材也都好搭配。而且不僅壽司，煙燻鹽還可以佐魚料理、水煮蛋、煎肉等。

溫和煙燻鹽
© 株式會社鈴商

燻味鹽
© 萬有營養株式會社

sumoji すもじ

壽司餐廳的行話，意思就是壽司也可以說「osumoji」（おすもじ）。原先是室町時代後宮女之間習慣的用詞之一，許多這類用詞都會在原有詞彙最前面加個「o」（お），或是只取第一個字然後在語尾加上「moji」（もじ），因此鮓（sushi，すし）的「su」（す）＋「moji」（もじ）就成了「Sumoji」（すもじ）。另外，飯杓的日文漢字「杓文字」（しゃもじ，shamoji）也一樣，是取「杓子」（しゃくし，shakushi）的「しゃ」（sha）＋「moji」（もじ）而成。

前背 <ruby>背上<rt>せかみ</rt></ruby>

鮪魚切成塊狀（p.96）時背部最靠近頭的地方就叫做「前背」，背部的肉愈靠近正中央價格愈高。靠近魚皮的部分是中腹，中心部分是紅肉。從前背和中背可以取到「鰭下」與「三角」，一尾魚只能取 5% 左右，非常稀有且美味，至於中背部取得油脂較多的肉就稱「背脂肉」。

後背 <ruby>背下<rt>せしも</rt></ruby>

鮪魚切成塊狀（p.96）時背部最靠近尾巴的地方叫做「後背」，由於是全身活動得最多的部位，筋也比較韌。不過，把筋之間的魚肉刮取（p.156）下來，就能取得鮪魚泥（p.156）。

這就是「瀕臨絕種」

	IUCN 的分類	簡稱	日本環境省分類
Extinct 滅絕	Extinct	EX	滅絕
	Extinct in the wild	EW	野生滅絕
Threatened 瀕臨絕種	Critically Endangered	CR	瀕臨絕種 IA 類
	Endangered	EN	瀕臨絕種 IB 類
	Vulnerable	VU	瀕臨絕種 II 類
Lower Risk(LR) 易受危害種	Near Threatened	NT	易受危害種
	Least Concern	LC	（無）
Other Categories 其他類型	Data Deficient	DD	資訊不足
	Not Evaluated	NE	（無）

日本環境省除了上表，針對各地區的獨立個體群若有滅絕之虞的物種，會訂立「有滅絕之虞地區個體群」（Threatened Local Population，LP）。

環境省的分類以 IUCN 為基準，但詳細內容並不相同。

瀕臨絕種 絕滅危懼種（ぜつめつきぐしゅ）

面臨滅絕危機的物種，這些物種統一被列在紅皮書，也稱紅色名錄（Red List，正式名稱為「國際自然保護聯盟瀕危物種紅色名錄」）。最具代表性的是在瑞士格蘭德設置總部，由國際自然保護聯盟（IUCN）製作的，其他每個國家和地區也都有各自的版本。這裡主要介紹的是做為壽司魚料的種類中，被 IUCN 列入紅皮書的瀕臨絕種等級魚類 CR：南方黑鮪魚（Southern bluefin tuna）、EN：大西洋黑鮪魚（Atlantic bluefin tuna）、日本鰻魚（Japanese eel）、VU：黑鮪魚（Pacific bluefin tuna）、大目鮪（Bigeye tuna）、石斑（Longtooth grouper）、金線魚（Golden threadfin bream）等。在日本，農林

水產省的水產廳評估為水產資源流通的一般魚類（鯛魚、青花魚等常見種類）及小型鯨類共 94 種，環境省評估黑鮪魚等基於多國協議的種類，以及水產廳評估範圍以外的種類。2019 年，主要做為壽司魚料的魚種中，名列環境省紅皮書瀕臨絕種名單的有：瀕臨絕種 IA 類（CR）：小林沙鮻（沙腸仔）；瀕臨絕種 IB 類（EN）：日本鰻魚、大眼鰤、高身鰤；瀕臨絕種 II 類（VU）：蛤蜊（p.162）、日本象拔蚌；易受危害種（NT）：星鰈；有滅絕之虞地區個體群（LP）：瀨戶內海的六線魚、有明海的鱸魚等。其他還有各都道府縣地方政府制訂的紅皮書，能釐清中央政府未看到的危機。

あかさたなはまやらわ

中背 <ruby>背中<rt>せ なか</rt></ruby>

鮪魚切成塊狀（p.96）時背部正中央的地方，背部的油脂分布順序是前＞中＞後，但是跟腹部不同的是，從頭到尾的油脂並沒有差太多。另一方面，前方的筋較粗，尾端的筋比較細，正中間是最沒有筋的地方，利用率（p.168）最高，價格相對昂貴。

剖背 <ruby>背開き<rt>せ びら</rt></ruby>

刀從魚的背部剖開，保持腹部魚皮連著，整尾魚剖成一大片的刀法。竹筴魚、沙梭、小鯛魚這幾種用剖腹切開後，再用醋漬、昆布漬處理會比較有效率。但如果是體型小的竹筴魚，備料時剖背會比較切成三片來得迅速。至於竹筴魚的幼魚「仁丹」（p.115），則會在剖背之後整尾醃漬。

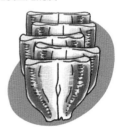

全國壽司連 <ruby>全国すし連<rt>ぜんこく れん</rt></ruby>

壽司餐廳聯盟，正式名稱為「全國壽司商生活衛生同業組合連合會」。由日本各都道府

縣加上美國華盛頓、義大利米蘭等地的組織組成，會員超過兩萬人，是壽司業界最大的團體。透過發行全國共通壽司券，並舉辦全國壽司技術大賽、壽司檢定等致力於壽司業界發展與振興日本文化。

旋尾線蟲 <ruby>旋尾線虫<rt>せん び せんちゅう</rt></ruby>

1974 年首次發現的寄生蟲，2 ～ 7% 的螢烏賊上都會有這類寄生蟲，自從市面上流通生鮮螢烏賊之後，1987 年起各地都傳出了食物中毒的案例。與海獸胃線蟲不同的是，旋尾線蟲不僅出現在消化道，還會移動到皮膚，萬萬不能輕忽。除了螢烏賊，也會寄生在魷魚、日本叉牙魚、阿拉斯加鱈魚、安康魚等的內臟，體長 5 ～ 10mm，寬約 0.1mm，比海獸胃線蟲小很多，很難以肉眼辨識。

全美櫻花祭 <ruby>全米桜祭り<rt>ぜんべいさくらまつ</rt></ruby>

在美國華盛頓特區舉辦的櫻花祭活動，每年都會由全國壽司連的壽司師傅志願參加，在現場捏製壽司。

HP：https://nationalcherryblossomfestival.org

江戸前握壽司的製作方式

集結捏製壽司的基本手法，
在家裡也可以自己動手做。

醋飯的做法

清洗

轉動

1. 米一開始浸泡時會吸收最多的水分，因此大碗裡要先盛好乾淨的水。把量好的米放進網篩，泡在大碗的水裡迅速清洗，然後撈起來把水倒掉。

2. 繼續在大碗裡裝水，清洗米粒，再把水倒掉。一共清洗三次之後撈起網篩，瀝乾 10 分鐘。

3. 10 分鐘之後將米倒進飯鍋，再加入煮飯用的水，浸泡 10 分鐘後開始煮飯。

4. 製作調合醋。

5. 在壽司桶裡裝水，飯杓也一起浸泡，稍微吸水之後用漂白棉布擦乾。

6. 飯煮好之後，為了方便將飯從內鍋裡盛起來，用飯杓插進內鍋與飯之間繞一圈。

7. 把整團米飯放進壽司桶的正中央。

8. 用飯杓將調合醋均勻淋在米飯上。

9 用飯杓以切拌的方式慢慢鬆動成堆的米飯，陸續將米飯移到壽司桶的一側。調合醋通常會積在下方，記得將下方的飯往上翻動。

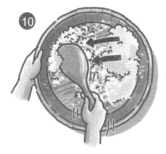

10 將堆到一側的米飯用飯杓一點一點往沒有米飯的一側移動撥散。

11 如果仍有結塊的米飯就重複步驟10。

12 將米飯上下翻動，用扇子搧涼。

13 完成後將米飯盛到飯桶，或是保溫容器（也可以用保鮮膜包好之後放進保麗龍容器中）。

完成

醋飯

材料
1份（壽司10貫＋海苔卷1條）

米 …………………… 1杯　　調合醋（1杯米用量）
天然水·淨水 …… 1杯　　　米醋 ………………… 25ml
　　　　　　　　　　　　　砂糖 ………………… 8g
　　　　　　　　　　　　　鹽 ……………………… 4g

※基本上米和水用量相同，但應根據米的含水量微調。新米或是質地較軟的米因含水量較高，需要調整水量到約8成。
※使用粕醋的話，請依照個人喜好減少砂糖的用量。

如何捏製握壽司（小手返）

① 在砧板右側準備好切片的魚料，旁邊再放手醋、山葵和醋飯。

② 用右手指沾點手醋，依序再沾溼左手掌心及雙手掌心。

③ 用右手食指到無名指三根指頭從飯桶裡挖起一點醋飯，並用拇指調整份量，一邊搓成圓形的醋飯球（1貫的份量以17g為準）。

④ 用拇指、中指、無名指捏著醋飯球，同時用右手食指沾一點山葵。

⑤ 用左手拇指和食指取一片魚料，放在第二及第三指節之間，並把山葵沾在魚料中央。

⑥ 將醋飯放在魚料上方中央，用左手拇指輕按醋飯中央，讓醋飯與魚料緊密貼合，並用右手食指和拇指夾著醋飯上下調整外型。

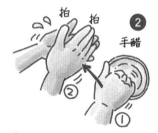

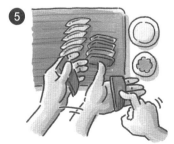

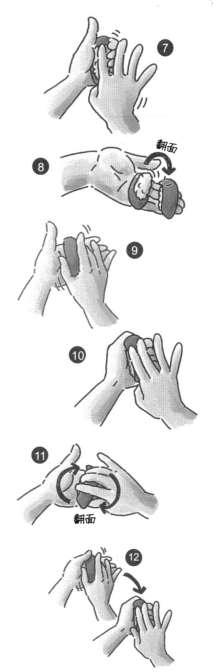

7 右手食指抵住醋飯底部，同時用左手食指到小指共四根指頭從壽司側面包覆輕捏。

8 鬆開手指讓壽司朝指尖方向滾動，上下翻面。

9 用右手拇指和中指夾住壽司，從上往下塑形，把壽司放到左手第二和第三指節之間，也就是一開始的位置。

10 將右手食指和中指放在魚料上，左手大拇指從魚料下方貼到醋飯側面。用左手手掌、其他手指的第二和第三指節之間以及指尖，從下方捏好每個面。

11 打開手掌，將右手拇指放在前面，小指朝另一側抓起壽司，然後以順時針方向將壽司一轉，上下翻面。

12 再次反覆步驟 9、10，到這裡告一段落，但如果壽司外型還沒整塑好，就再重複 11 → 9 → 10。

13 把捏好的壽司陸續排放在砧板的左側，等到全部捏好再一起裝盤。

細卷的做法

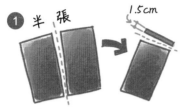

① 半 張　　1.5cm

剪下來的部分可以做煎蛋之類的海苔帶！

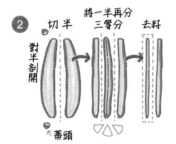

② 切半　將一半再分三等分　去籽

對半剖開

蒂頭

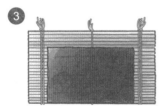

③

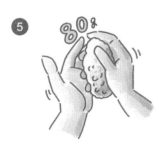

⑤ 80g

1. 在砧板上將整片海苔對半切,再切掉邊緣 1.5cm 左右。

2. 小黃瓜切掉蒂頭跟尾端,縱向剖成兩半,然後每一半再切成三等分後去籽。

3. 將壽司竹簾的正面朝上,綁線朝外側的位置,然後將海苔沒有光澤的一面朝上放在竹簾上接近手邊的位置。

4. 右手指沾點手醋,依序再沾溼左手掌心及雙手掌心(和製作握壽司的步驟 2 相同)。

5. 從飯桶裡取 80g 的醋飯,輕輕捏成圓柱狀。

6. 把飯放在海苔的左側,然後從上方留下大約 1cm 的邊,將圓柱狀醋飯用右手一點一點壓扁攤平,左手則負責往自己的方向,讓醋飯左右均勻攤平。

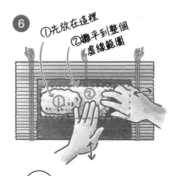

⑥ ①先放在這裡　②攤平到整個虛線範圍

壓緊海苔四周

一開始放醋飯的位置

攤平到這個範圍

7 右手貼著海苔邊緣，確保醋飯不會超出範圍，同時用左手繼續攤平醋飯。在放置配料的中央可以稍微放少一點醋飯，兩側放多一點，這樣捲起來會比較漂亮。

從右到左塗抹比較順手！

8 在醋飯上均勻塗抹山葵。

9 放上配料。

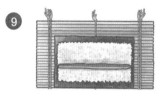

10 雙手的中指輕放在配料兩端，然後用雙手的拇指和食指一邊固定配料和海苔，一邊輕輕將竹簾靠自己的一側拉起來。

11 只要留下海苔另一頭沒放醋飯的空間，將前方拉起來的海苔朝配料另一頭的海苔對齊貼合。

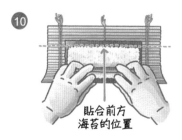

貼合前方海苔的位置

12 運用手指將竹簾朝前方捲起貼合，如果是小黃瓜卷或鐵火卷這類方形的海苔卷，就要在這個步驟調整好四角。

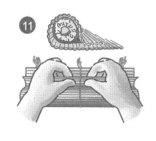

捏緊前方

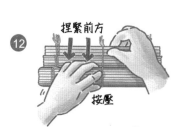

按壓

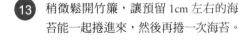

細卷的做法

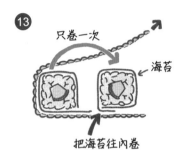

13

只卷一次

海苔

把海苔往內卷

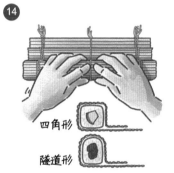

14

四角形

隧道形

16

13 稍微鬆開竹簾，讓預留 1cm 左右的海苔能一起捲進來，然後再捲一次海苔。

14 要做四角形的海苔卷就得在這個步驟再整出四個角，如果是瓠瓜乾卷或納豆卷則不必從上方往下壓，只要按壓側面整成隧道形。

15 拿開竹簾，用漂白棉布把兩側多出來的醋飯壓好鋪齊。

16 切片，小黃瓜卷、鐵火卷習慣切成六等分，瓠瓜乾卷則切成三等分或四等分。如果做了 2 條以上的海苔卷，排好一起會比較好切。

漂亮細卷的關鍵

- 切出來每一等份的海苔卷高度相同。
- 頭尾兩側的海苔卷邊緣保持平整。
- 不會因為塞太多醋飯讓海苔卷爆開。

完成♪

久等啦！

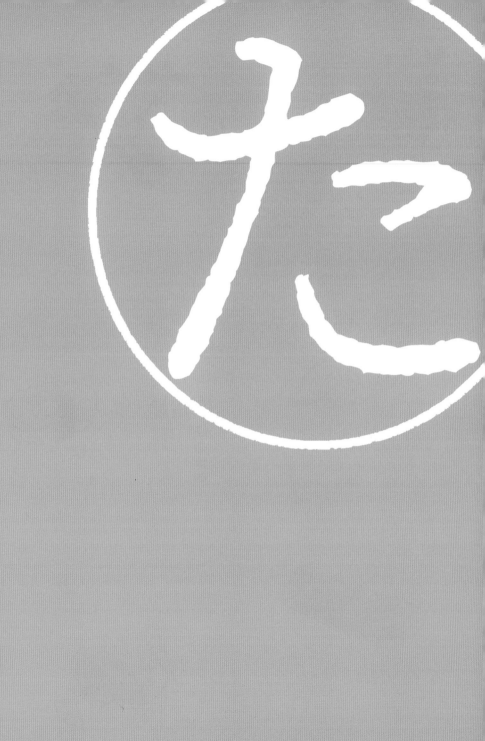

鯛魚 鯛（たい）

日 マダイ
別 オオダイ、ホンダイ
英 Red seabream
產 11～4月

鯛魚有「百魚之王」的稱號，近年來因為養殖魚種增加，似乎有被其他白肉魚凌駕而上的趨勢，但無論在鮮味、甜味、Q彈肉質、香氣上都能細細品味，是優點很多的壽司魚料。切片時切得稍微厚一點，劃上幾道裝飾切痕（p.72），就能享受到獨特的嚼勁。魚皮附近的肉很好吃，通常會淋熱水（p.193）後再捏製成握壽司，而在非常接近魚皮的部位是象徵「大和」的淡淡粉紅色，口感也很滑順。兩種吃法對我來説都太難取捨，每次我都半尾魚各用一種吃法，兩者兼得。光是沾點鹽讓鮮味熟成也好吃，昆布漬（p.93）也不錯。另外，和煎酒（p.50）、柑橘都非常搭。

大東壽司 大東寿司（だいとうずし）

沖繩縣大東群島的鄉土料理，將大東群島周圍盛產的土魠魚，用醬油、味醂、砂糖等製成的醬汁醃成焦糖色，再搭配略甜的醋飯捏成壽司。因為和八丈島、小笠原群島的島壽司（p.1081）類似，據説是由八丈島移居過來的人帶到大東群島的魚料也可以改用鮪魚或旗魚。

大名切法 大名おろし（だいみょう）

將魚切成三片的手法，一般的三片切（p.105）是分別從腹部和背部沿著中骨下刀，將整尾魚剖成中骨和兩大片魚肉，但大

名切法則是先去除魚頭，然後將刀刃從背骨和中骨上方的切口以垂直方向下刀，朝魚尾一口氣卸下魚肉。步驟少，可以很快完成，缺點是中骨上會留有很多魚肉。因為留下很多肉，屬於比較揮霍的處理手法，才有「大名切法」這個稱呼。（編按：大名是日本封建時代對一個較大地域領主的稱呼。）體型大的魚種中骨厚實，處理起來魚肉的損失也相對多。因此，大名切法一般還是用在數量多的小型魚種（沙梭、水針）或是魚體較薄的（秋刀魚、梭魚、白帶魚）種類。

牛角蛤 平貝（たいらがい）

日 タイラギ
別 タチガイ、ヒランボ、エボシガイ
英 Pen shell
產 12～3月

體型大的全長可達30公分，就像巨大貽貝，兩片三角形的貝殼夾著貝柱。略硬的蛤肉吃起來有脆脆口感，可以邊嚼邊感受淡淡的海水鹹香。鮮味濃郁，沒什麼貝類腥味，推薦給平常不愛貝類的人。通常捏壽司時會劃幾道裝飾切痕，讓魚料更容易貼合醋飯，而欣賞美麗的外觀也是樂趣之一。裙邊可以搭配椪醋，或是用日本酒熱炒當作下酒菜。

高菜卷 高菜巻き

大分縣日田地區的鄉土料理，用攤開的醃漬高菜*來代替海苔，將壽司飯、山藥、納豆、蔥等配料包起來的壽司卷。看起來就是個很棒的組合，而且在大分還會沾九州的甜醬油一起吃。高菜原本就帶著鹹味，不沾醬油就好吃，但有機會一定要試試甜醬油版本。

* 譯註：類似酸菜。

章魚 蛸

日 マダコ
別 イワダコ、イシダコ、イソダコ
英 East Asian common octopus
產 三陸11～1月、瀨戶內6～9月

水章魚（p.185）在原產地北海道也稱作章魚，但兩者並不相同。處理章魚要先用鹽或蘿蔔泥充分搓揉，去除表面的黏液，再用番茶或焙茶燙煮 15 分鐘，然後浸泡在加了冰塊的醋水裡防止褪色。只有章魚腳內側柔軟部位的外皮需剝除，其他地方切成薄片即可作為壽司魚料。

田子壽司

田子寿し

靜岡縣西伊豆町田子地區的鄉土料理，在盒子裡鋪蘘荷葉，陸續塞進壽司飯以及滷得甜甜鹹鹹的瓠瓜乾、香菇、蒟蒻等配料，最後再蓋上一層壽司飯和蘘荷葉，夾住配料壓實做成箱壽司。

立 立ち

在壽司餐廳，使用吧台位置吃壽司會用「立」這個動詞。沒有座位的立食壽司當然可以理解，但即使坐在吧台前的椅子上也是「立」。大正到昭和這段時期，內店（p.152）的壽司餐廳仿效小攤子，在店裡設置吧台。加上戰後因為公共衛生禁止在路上擺攤，原先的攤主也陸續轉成開店，並設置吧台。這些設有吧台的店家一開始多半跟當初擺攤一樣，讓顧客在吧台前站著吃，後來才慢慢設了座椅。由於過去是以立食為主，後來即使在吧台前坐著吃仍然會用「立」這個動詞。

萌抱壽司 だっこずし

迴轉壽司連鎖餐廳「壽司郎」的周邊商品，是貓熊、兔子等各種動物緊緊抱著壽司魚料的造型。這些動物太喜歡壽司了，緊緊抱住不鬆開。

絕不放手……

手綱壽司 _{たづなずし}手綱寿司

將食材切成薄片斜斜排列，然後鋪上壽司飯做成的壽司卷，「手綱」則是策馬用的韁繩，由於這種壽司卷的外型類似韁繩，所以稱為手綱壽司。通常使用的食材有水針魚、蝦、小黃瓜、煎蛋皮等，和手毬壽司一樣，使用多種食材任意搭配。平安時代制訂的《延喜式》法令集上就出現過「手綱鮨」的文字，但當時講起壽司指的會是熟壽司，是否就像本書中提到的手綱壽司，並不清楚。

鴨兒芹或小黃瓜的 綠
水針魚、花枝之類的 白
蝦、鮭魚之類的 紅

立返 _{たてがえし}立て返し

握壽司捏製的手法之一，立返是先將醋飯放在左手的魚料上，讓魚料與醋飯貼合之後，用左手拇指和掌心夾住壽司，再用右手食指和拇指撐住醋飯，同時將左手往內轉，把壽司暫時放到右手上。接著立刻將左手繞到醋飯下方接住，順勢讓壽司上下翻面。這個手法的優點是觸碰魚料的時間很短，加上即使不容易貼緊醋飯的魚料在翻面時也不太會和醋飯分開。

相關詞 小手返（p.90、p.132）、本手返（p.175）

換手

伊達卷 _{だてまき}伊達巻き

一聽到伊達卷，或許多數人直接想到的是年菜裡的伊達卷煎蛋，但這種卷入伊達卷煎蛋的伊達壽司，同樣也稱為伊達卷。現在標準的伊達卷是先將加了魚蝦漿的厚蛋用竹簾卷好，將煎面朝上，鋪上醋飯，搭配的配料有海苔、滷香菇、魚蝦鬆、瓠瓜乾、小黃瓜等卷起來。根據江戶時代的資料，當時的伊達卷是在壽司飯裡加入海苔、切碎的瓠瓜乾，然後用煎蛋卷起來。

種 _{タネ}

當作壽司材料的海鮮，壽司餐廳裡使用的海鮮，正式名稱叫做「種」（tane），常聽到魚料的另一個說法「neta」其實原本是業界才用的行話（p.168），但就像熱茶（agari，あがり）、薑片（gari，ガリ）這些行話，一般人也耳熟能詳。

煎蛋卷（玉子燒） _{たまごやき}玉子焼き

在打散的蛋液中加入其他材料，用煎蛋鍋煎成。壽司餐廳裡的煎蛋卷通常可以分成兩大類，一種是蛋液裡加入高湯、調味料，做成的高湯煎蛋卷；另一種則是在蛋液中加入沙蝦漿或魚漿、調味料，煎成 Kera 玉子燒（p.88）。江戶時代說起壽司餐廳的煎蛋卷

就是 Kera 玉子燒，但由於料理起來費工，久而久之就被高湯煎蛋卷取代了，現在除了少數高級餐廳，多半都只做高湯煎蛋卷。說到高湯煎蛋卷，一般而言關東地區的做法會加糖，口味是甜的；關西地區則不加糖，但江戶前壽司原本的煎蛋卷就非常甜，即使在關西吃到甜味的高湯煎蛋卷也很正常。最為人熟知的高湯煎蛋卷握壽司是用海苔帶綁起來的形式，但也有射込（p.102）這類醋飯較少，或是沒有醋飯的類型，因此點餐時通常都會再次確認。

生日壽司 <ruby>誕生<rt>たんじょう</rt></ruby>ずし

類似生日花的概念，一年 365 天都有對應的壽司。從比目魚、鮪魚、鮮蝦這類經典夢幻魚料的日子，到熱茶、薑片這些教人有些掃興的日子都有，記得上網搜尋看看自己生日當天的代表壽司。

祝妳
生日快樂！

哇！呃……

血合 血合い

位於魚背與腹部中間的位置，色澤與整體肉質顏色不同的部位。顏色會因為魚的種類而不同，例如鮪魚，相對於整體紅色肉質，血合肉呈暗紅色；鮭魚整體是橙色，但血合肉帶點灰；鯛魚相對於整體白肉，血合部位則是粉紅色。血合部位多半是在魚皮一側，和一般魚肉相較之下，魚尾的比例比較高。至於血合肉占整體魚肉的比例也會因為魚種而異，鰹魚、鮪魚比較高，比目魚、鰈魚比較低，母剝皮魚則沒什麼血合肉。血管豐沛且血液成分較高，是顏色不同的原因之一。血合部位較其他部位的腥味來得重，但營養豐富，口感紮實。血合肉雖然能吃，但要做壽司魚料的話，鮪魚的血合肉會在切塊（p.100）時去掉，鰹魚也會去除一部分。其他的魚類基本上血合肉會一起當作壽司魚料，但也視魚的狀況有些會當作碎肉（p.184）來用。去除掉的鮪魚血合肉通常會沾醬油煎，或是油炸做成員工餐吃掉。

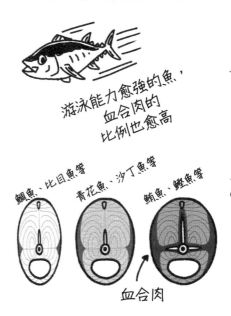

游泳能力愈強的魚，
血合肉的
比例也愈高

鯛魚、比目魚等　　青花魚、沙丁魚等　　鮪魚、鰹魚等

血合肉

福袋壽司 <small>ちゃきんずし</small> 茶巾寿司

日文又稱「巾著壽司」、「袱紗壽司」，東京赤坂「有職」這間店的創辦人在大正時代於伏見宮家茶會時提供了這款壽司，非常討喜，當下獲得殿下賜名為「茶巾」，據説這就是茶巾壽司（福袋壽司）的由來；然而，在江戶時代的料理專書《名飯部類》（1980（享和2）年）中也出現過「茶巾壽司」的字眼，推測應該在這之前就有這種壽司了。用關東地區的正方形煎蛋鍋做錦紙玉子（薄蛋皮）（p.85），然後把加了海苔絲、魚蝦鬆、香菇、白芝麻的醋飯，還有熟蝦跟栗子等配料包起來。每間店的口味不同，有些會加上碎檸檬皮或是佃煮實山椒提味，各有特色，外觀上也有巾著和袱紗的差別，包好之後用昆布或燙熟的鴨兒芹綁好開口，也有些店家是用竹籤封口。

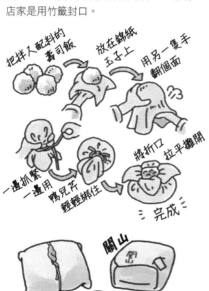

把拌入配料的壽司飯　放在錦紙玉子上　用另一隻手翻個面

一邊抓緊一邊用鴨兒芹輕輕綁住　將折口拉平攤開　完成

關山　八竹　京樽　志乃多壽司　醍醐

茶降 <small>ちゃ</small> 茶ぶり

運用霜降（p.109）手法時特別使用番茶，就叫做茶降。這種手法通常是用來去除海參還有章魚的腥味，海參通常會先切成薄片，在熱茶中汆燙泡冰水之後浸泡在調味醋裡，又叫做茶降海參。搭配星鰻、海帶莖、柿子和蘿蔔泥等涼拌，就是一道壽司餐廳裡常見的下酒小菜。至於章魚，通常會在加鹽的茶水裡汆燙。

番茶或焙茶

蒸蛋（茶碗蒸） <small>ちゃわんむ</small> 茶碗蒸し

蒸蛋是一道很受歡迎的餐點，而且如果做得簡單成本低，對壽司餐廳來説是典型高獲利的產品。另一方面，有些餐廳會使用蝦、河豚等壽司魚料用的海鮮，或者加入蔬菜，特地取高湯等等，花費很多心思在其中。更有些高級餐廳用上海膽、魚白當配料，或是一打開碗蓋就看到上方有魚翅、香箱蟹卵等，一碗蒸蛋宛如珠寶盒。

中腹肉 中トロ

雖含油脂，不像大腹肉那般豐厚。只是這兩者之間也沒有嚴格區分的標準，其實中腹肉指的是帶油脂的鮪魚，從腹、背兩側都取得到。像黃鰭鮪這種油脂比較少的鮪魚，一般是從前腹及中腹取得。每尾魚能取到多少中腹肉，差異非常大。

中卷 中巻き

將一片海苔橫放製作，大小比太卷細一點的海苔卷。基本使用的配料有星鰻、蛋卷、魚蝦鬆、瓠瓜乾、香菇、鴨兒芹等。

腸炎弧菌 腸炎ビブリオ

棲息在海水中的細菌，正式學名是 vibrio parahaemolyticus，屬於嗜鹽性的革蘭氏陰性

菌。生食遭到腸炎弧菌污染的海鮮後，會因感染而出現食物中毒現象。潛伏時間為 6～12 小時，症狀是伴隨劇烈腹痛的腹瀉、嘔吐以及發燒。一般來說，2～3 天就能恢復，但也曾有免疫力低的患者因此喪命。由於腸炎弧菌不耐低溫與清水，生鮮魚類在調理之前先用冰涼清水洗淨，切開之後立刻放進冰箱，謹守這些原則就能預防感染。

散壽司 ちらし寿司

散壽司通常有兩種，一種是壽司餐廳準備的，在壽司飯上撒滿各種海鮮；另一種是一般家庭做的，把各類紅燒蔬菜拌進壽司飯裡，後者可參考「什錦壽司」（五目壽司，p.96）的條目。以海鮮為主的散壽司又細分成鋪滿生鮮海鮮小丁，類似海鮮蓋飯的種類，以及使用熟明蝦、滷章魚、魚蝦鬆（p.63）、kera 玉子燒（p.88）等各種江戶前手法製作的配料這一類。一般餐廳的午餐時段通常會有幾種固定套餐和散壽司可選擇，有些店家晚餐時段也提供外帶的壽司（壽司折）（p.122）。以東京都內稍微高級一點的壽司餐廳來說，價格約在 3000～3500 圓。收到當作伴手禮的外帶壽司時，會覺得自己也像到壽司餐廳用餐一樣。

築地 築地

日本橋魚河岸（魚市）在 1923 年 9 月因為關東大地震受到毀滅性的災害，曾經一度遷移到芝浦的臨時市場，同年 12 月才遷移到現在的築地。築地當時為海軍省持有，而東京市則是租借其中部分地區。築地市場

正式開幕營運是 1935（昭和 10）年 2 月，船隻從隅田川沿岸把魚貨送進來，從舊汐留站上貨櫃列車，就可以走陸運進貨。築地市場的扇形形狀也是為了讓鐵道進入而打造，站名叫做東京市場站。1987（昭和 62）年 1 月 31 日之前還有貨櫃列車行駛，即使後來鐵道不再使用，仍能看到混凝土下方保有一段鐵道。築地市場分成包含魚河岸橫丁的場內市場以及場外市場兩大區，場內市場在 2018 年 10 月搬遷到豐洲。魚河岸橫丁裡有 13 間壽司餐廳以及吉野家牛丼、西餐廳等餐飲店及工具行、雜貨店等，原本是讓在市場工作的人以及採買商家有個吃飯的地方，但這幾年來很多通宵喝酒的上班族或是觀光客也很喜歡來這裡，成了大受歡迎的景點。其中幾間壽司餐廳更是大排長龍，需要候位幾個小時，跟最初開設的目的已經大不相同。場外市場也有很多壽司餐廳，2018 年場內市場搬遷後，場外市場仍留在築地繼續營業。通常講到築地的壽司，印象深刻的往往都是魚河岸橫丁，其實場外也有許多值得一訪的店家。

醃漬魚 漬け

用調製的醃醬醃過的魚，或是用醃漬魚來捏成的握壽司。最常用的魚料是鮪魚，但白肉魚、亮皮魚也都能醃漬處理。醃漬時用的醬汁是用醬油、酒、味醂、柴魚等製成的熬煮醬汁（p.155），鮪魚握壽司出現的當時，就是會醃漬過才吃。鮪魚雖然從繩文時代就有人食用，但因為很容易腐敗，喜歡的人並不多，長久以來都被視為身分低微之人的食物。此外，鮪魚在日本有「shibi」（シビ）的別名，由於跟「死日」的發音相同，據說

在武士眼中是很不吉利的魚。天保年間，因為在日本近海捕獲過多的鮪魚，價格低廉數量又多，在日本馬喰町的小攤「惠比壽壽司」嘗試推出握壽司，沒想到出奇美味，鮪魚壽司就此流行了起來。醃漬的話要先將整塊鮪魚用鹽水泡過，之後淋上熱水，採用霜降手法，然後泡在醃醬裡半日以上。另外也有速成的方式，就是切片後醃漬，可以縮短時間。

餐台 つけ台

壽司餐廳吧台上的立台，也就是師傅將捏好的壽司端給客人時放的高台，那個位置就是餐台。現在幾乎所有壽司餐廳都會在餐台上先墊一片竹葉、一葉蘭（p.165）或是餐盤，但其實最早都是直接把壽司放在餐台上。

作業區 つけ場

壽司餐廳的吧台內部，師傅製作各種壽司的區域。

tsukeru つける

壽司餐廳的行話（p.168），捏壽司的動詞就是「tsukeru」（つける）。這個字原本的意思是「醃漬」，因為過去講到壽司指的就

是熟壽司，而熟壽司要像製作醬菜一樣醃漬，所以才這樣用。

どちらも
「つける」

* 兩者都是「tsukeru（つける）」

褄 つま

將搭配生魚片的蔬菜或海藻抓成一撮，就叫做「褄」。日文發音為「tsuma」，漢字也可以寫作「妻」。褄又分成 tsuma、ken、辛三種，一般會用紫蘇葉、薑泥、山葵、海帶芽、紅蓼、紫蘇花、防風草、蘿蔔、小黃瓜、紅蘿蔔、南瓜等切得細細的 ken（p.89）。

甜醬汁 ツメ

在星鰻、滷花枝、蛤蜊、蝦蛄等握壽司上塗抹的甜味醬汁，就叫做「甜醬汁」（tsume，

ツメ），是將煮星鰻或蛤蜊的醬汁熬到濃稠製成。口味較淡的店家會在熬煮時加入味醂增添風味，也有一些店家會添加香料蔬菜增香。因為製作後可以長期保存，甜醬汁的製作頻率會視每間店的生意而定，從幾週一次到幾個月一次不等。甜醬汁展現了每間餐廳的個性，師傅也會特別留意保持餐廳的口味，這也成了顧客瞭解一間餐廳風格的重要指標。

DHA でぃーえいちぇー D H A

二十二碳六烯酸（Docosahexaenoic acid）的簡稱，這種必需脂肪酸無法靠人體自行合成，非得從食物中攝取。由海中的微生物生產，藉由食物鏈累積在魚類體內。黑鮪魚、南方鮪魚、青魽幼魚、青魽、鮭魚、白帶魚、沙丁魚、鰹魚、梭魚、白魽等，都含有豐富的 DHA。因為具有降低血液裡中性脂肪的作用，市面上也有與 EPA 的合劑作為高脂血症的治療藥物。

手捏壽司 てこね寿司

三重縣志摩地區的鄉土料理，先將鰹魚或鮪魚這類紅肉魚的切片用醬汁醃漬，再將魚片和少量醬汁加入壽司飯，用手拌勻，據說最早是捕撈鰹魚的漁夫在工作空檔做為果腹的食物。

手冊 _{てざく}手ざく

以食指到小指的距離當作基準來切魚塊（冊）的作業，或單指這段長度。壽司魚料的魚標準長度約為 7.5cm，雖然每個人稍有不同，但以男性師傅來說大概剛好是食指到小指之間的長度，因此會以手代替尺來測量。女性的話同樣可以這麼用，大約是小指到拇指之間的長度。鮭魚這種大小的魚種，腹側一整塊要用作壽司魚料來切片的話太長，必須先切下手冊的寬度再切片。

魚料太長

做為壽司約 10cm

手冊 7.5cm 左右

手醋 _{てず}手酢

用水與醋七比三的比例混合而成，是壽司師傅在捏製壽司時用來沾手的醋水。裝在一只小碗裡，就放在裝醋飯木桶的旁邊。捏壽司

之前先在抓醋飯的右手指尖沾點手醋，放在左手手掌上，然後雙手貼合沾滿手醋，讓手上保持適度的溼氣，醋飯就不會黏在手上。因為水裡加了醋，醋飯不會變得軟爛。

desushiosushi
ですしおすし

網路用語，將一般文章的助動詞「～です」（desu）換成「～ですしおすし」（desushiosushi）的寫法，讓語氣看起來更輕鬆。

ですおすし

鐵火卷 _{てっかまき}鉄火巻き

用鮪魚當配料的海苔細卷，過去將賭場稱為「鐵火場」，據說因為這種細卷可以用手拿著吃很方便，又不會弄髒手，後來就稱為「鐵火卷」。

手抓 _て手づかみ

用手抓壽司吃的時候，如果能將手指與壽司平行，看起來會比較美觀。至於壽司該用筷子挾著吃，還是直接用手抓，現在的壽司師傅對於這項爭論似乎有一致的看法，「都可以，隨各人喜好」。而在握壽司誕生時期的

浮世繪裡，用手抓著吃或用筷子挾著吃的作品都有，可知將近 200 年來都是這樣。話說回來，在江戶時代的浮世繪（p.51）三代歌川豐國的《見立源氏賞花宴》裡，畫中的人是用牙籤插起壽司來吃。下次要是再爭論起「用筷子 vs. 用手抓」，務必要讓牙籤也加入戰局。

鐵砲卷 てっぽうまき鉄砲巻き

加了山葵的瓠瓜乾卷，名稱是因瓠瓜乾卷的外型像槍身，加上山葵嗆辣的味道而來。

手撕 てびらき手開き

徒手處理魚的技術，這種手法多半用在沙丁魚、鯡魚這類背骨上有很多小小軟刺的種類。去掉魚頭、掏出內臟之後，用左右兩根拇指從魚腹內側朝背部插入，然後朝左右兩側撐開，同時將手滑進背骨與魚肉之間，將背骨從魚頭一側朝尾巴用力拉扯下來。要做壽司魚料的話，必須留意不損及魚尾附近的皮，只在腹部一側下刀。沙丁魚、鯡魚這類鯡科的魚，骨骼屬於魚類中相對原始的，有

很多後來魚種所沒有的小刺。因為用魚刀處理的話，會切斷這些骨頭，接下來要去除的魚刺就會變多。另一方面，這類魚的魚肉都比較軟嫩，用手撕的話小刺都留在背骨上，比較容易去除。此外，小鯽魚也屬於這一類，但多半會採用醋漬（p.124）的手法，所以不用擔心小刺。

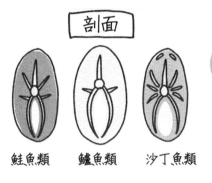

剖面

鮭魚類　　鱸魚類　　沙丁魚類

外送 でまえ出前

餐廳接受顧客點餐，並在調理好之後配送餐點。外送的日文漢字為「出前」，「出」是指餐點送出店外，「前」是日文中幾人份之意。外送文化出現在江戶時代亨保年間（1716～1736 年），由於當時還沒有電話，達官貴人居住的大戶人家或是店家，會派傭人到餐廳點餐。也有人說，外送最初是從風月場所的女子向蕎麥麵店點餐開始，當時提供外送的壽司店，都是稱為「內店」（p.152）這種有店面的類型。

今天點個蕎麥麵外送～

手卷壽司 <ruby>手巻き寿司<rt>てまきずし</rt></ruby>

不用卷簾（p.178），將醋飯和配料放在掌心的海苔上，直接卷起來的海苔卷。手卷壽司大致分成兩種，在家中每個人各自 DIY 自己要吃的份，或是在壽司餐廳吧台由師傅做好提供。一般家中使用切成 1/4 片的海苔，並以其中一角為中心，卷成圓錐形的海苔卷。可以直接將海苔切成四等分，或者先將海苔切成一半，再以斜角切切會比較好卷。至於壽司餐廳，卷成圓錐形或圓柱形都有。卷成圓柱形時，會將海苔邊緣剪開一小段蓋住，避免配料從下方漏出來。有些店家為了避免海苔受潮，手卷壽司不會放在餐台（p.144）上，而是直接遞到顧客手上。一般而言，無菜單套餐（p.63）最後一道會是海苔卷、手卷壽司，或是 kera 玉子燒（p.88）。

請慢用！

手毬壽司 <ruby>手毬寿司<rt>てまりずし</rt></ruby>

捏成圓球狀，外型酷似手毬的壽司。使用漂白棉布（p.104）輔助捏塑成圓球狀，配料不僅有魚，加上蔬菜、醬菜，可以做出色彩繽紛的一大盤壽司，一般家庭製作時也可以用保鮮膜代替漂白棉布。

磨刀石

用來研磨刀具的石頭，表面粗糙的程度稱為「番數」，又叫做磨刀石係數，番數由小到大可以分為荒砥、中砥、仕上砥三種，還有修平磨刀石表面的修正砥。番數愈大代表顆粒愈細，磨刀時會配合刀具材質來更換不同材質的磨刀石。

荒砥 <ruby>荒砥<rt>あらと</rt></ruby>

顆粒最粗的磨刀石，作用是調整刀刃的外型，使用荒砥磨刀不會讓刀變得銳利，是用來磨掉刀刃上較鈍的鋸齒。

中砥 <ruby>中砥<rt>なかと</rt></ruby>

顆粒居中的磨刀石，可以短時間內將刀磨利，是使用最頻繁的磨刀石。也可以用來消除因為荒砥造成的損傷，如果一開始就用仕上砥會比較花時間，通常會先用中砥磨利，最後再使用仕上砥。

仕上砥 <ruby>仕上砥<rt>しあげと</rt></ruby>

顆粒最細的磨刀石，研磨需要花比較多時間，但能夠將刀刃磨得鋒利，用仕上砥磨過的刀具鋒利度也能維持得久一些。此外，有些材質的磨刀石磨完之後還能讓刀刃表面如同鏡面，閃閃發光。

脳天　突先

頰肉　下巴　下巴脂肉

突先 _{とっさき} 突先

鮪魚稀有部位之一，從腦天到魚鰭下方有一條粗筋，下刀挑出筋之後就能取到。突先是這幾年開始出現的詞，其實正如下圖所示，跟腦天並沒有明確區隔，也有人直接統稱腦天或是頭身。由於量很稀少，通常不太拿來做壽司，但仍有餐廳會用鮪魚突先來做手卷壽司（p.148）。不過，手卷通常會出現在套餐的倒數第一、二道，但有些餐廳會一開始就安排鮪魚突先手卷出餐。

三角　腦天　三角

鮪魚頭
部剖面

飛魚 _{とびうお} 飛魚

- 日 トビウオ
- 英 Flying fish
- 産 6〜9月

飛魚的魚卵是常見的壽司魚料，而成魚在日本全國各地都是加熱食用，沒什麼人會拿來當作壽司魚料，但仍有少數店家會拿生鮮的來做壽司。基本上會經過醃漬再捏成壽司，用醋漬或昆布漬都好吃，讓人想要為此專程走訪產地。

飛魚子 トビッコ

將飛魚的魚卵用鹽、醬油等調味料醃漬，當作壽司魚料使用。飛魚子在沒有染色的狀況下跟鯡魚卵很像，都是奶油色到淡橘色，但市面上幾乎所有商品都經過染色，一般常見到的是鮮豔的橘色。染色和調味的種類也有很多變化，像是染成綠色的山葵口味、醋橘口味，橘色的也有關西風或是薑味等。飛魚子通常會做成軍艦卷、做成反卷壽司時會跟芝麻一樣裹在醋飯外層，或是切開壽司之後放在上方裝飾。此外，因為顏色多變化，也經常用來為圖案壽司卷增添色彩。

海味涼拌菜 _{ともあえ} 共和え

用海鮮內臟來拌海鮮的調理方式，通常當作下酒小菜。比方說，用剝皮魚肝拌剝皮魚，或是用蟹膏來拌蟹肉。

龍卷 ドラゴンロール

在反卷壽司卷外側（p.55）鋪上切成薄片的酪梨，讓它看起來像是一條龍。根據外型還有另一個毛蟲卷的稱呼，裡頭的配料是塗了甜醬汁（p.145）的蒲燒鰻魚、小黃瓜，用半張海苔，以保鮮膜和卷簾（p.178）當工具做成反卷壽司卷。攤開保鮮膜之後，在壽司和保鮮膜之間交錯鋪上切得很薄的酪梨片，然後拉起保鮮膜，讓酪梨像是蓋在壽司上包覆住，然後從保鮮膜上方用卷簾調整外型。在包著保鮮膜的狀態下切成八等分，裝盤時排成龍騰舞動的模樣。想要做得漂亮，關鍵就在選用熟度恰到好處的酪梨。

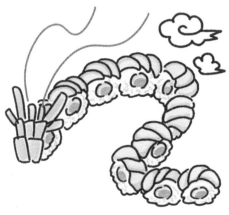

鳥蛤 とりがい 鳥貝

- **日** トリガイ
- **別** オトコガイ、キヌガイ、キツネ、チャワンガイ
- **英** Heart clam、Japanese cockle
- **產** 4～6月

日本在東京灣、三河灣、伊勢灣、瀨戶內海等地都捕得到，但沒有棲息在北海道。類似石垣貝，很容易剝開，可以將有點黑的足部

對半切開再捏成握壽司。動作太慢的話會整個變黑，因此處理時要迅速，盡量不要碰到。市面上看到的多半已經燙熟擺在大托盤上，但口味最棒的是買帶殼的回家生食，或稍微炙燒一下就好，現在京都已經有養殖的品牌「丹後鳥蛤」。

鮪魚腹肉（toro）トロ

鮪魚油脂豐厚的部位，因為「入口即化」的日文是「とろける」（torokeru），吉野鮨本店的顧客就將這個部位的魚肉命名為「toro」。由於油脂較多，也稱為「abu」（取日文油脂的近音）。這個部位容易腐敗，在江戶時代經常捨棄不用，但隨著冷藏、運輸技術進步以及日本人喜好的變化，鮪魚腹肉的價格迅速翻漲。原先「toro」專指鮪魚腹肉，現在連鮭魚、豬肉等富含油脂的食物也都會用「toro」這個字。

入口即化的 toro

鮪魚蘿蔔乾卷 トロタク巻き

包了鮪魚泥（p.156）和蘿蔔乾的海苔卷，通常還會包進紫蘇葉。鮪魚泥的粉紅色加上蘿蔔乾的黃色，外觀看來可愛，也是嗜酒的酒鬼們非常喜愛的一道海苔卷。一般常用鮪魚泥來做，偶爾也有餐廳會大手筆使用鮪魚大腹肉。

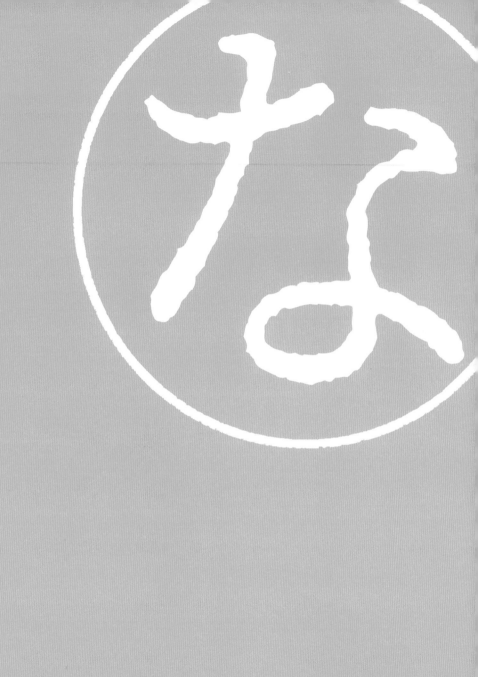

內店 <ruby>內店<rt>ないてん</rt></ruby>

相對於江戶時代擺攤子或是挑著木桶販賣壽司的型態，內店就是有店面的壽司餐廳。但即使有店面，壽司仍以外帶或外送為主，顧客進入店內用餐的狀況還是少數。店內用餐是坐在日式包廂，至於現代的立食（p.139）壽司，則是更之後才有的。內店通常營業到傍晚，而到了傍晚路邊攤（p.192）就紛紛出現。有些在內店工作的人因為有自己的店面，也會趁晚上帶著桶裝壽司沿街叫賣，或是擺路邊攤多賺點錢。

中落 <ruby>中落ち<rt>なかお</rt></ruby>

三片切（p.105）處理之後附在中骨上的魚肉，由於能當作商品販賣的只有大型鮪魚，通常在壽司餐廳講到「中落」，指的就是鮪魚。中落的肉質是赤身，只使用中落做成的鮪魚泥（p.156）能呈現鮪魚的酸味和鮮味，是鮪魚最獨特的風味所在。此外，其他食用肉類附在肋骨間的肉同樣稱為「中落」。

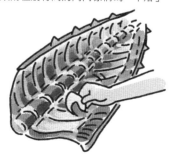

中盤商 <ruby>仲卸 業者<rt>なかおろしぎょうしゃ</rt></ruby>

在蔬果、海鮮、肉類、花卉等批發市場裡以競價等方式向批發業者採購食材，將數量過多或個體太大的食材分成小份之後，銷售給零售商或餐廳的仲介業者。這些業者不僅在市場內銷售，也會配送給市場外委託的店鋪。依據現行法令，要參加競價必須具備市場開設人（以東京都中央批發市場來說，就是東京都知事）的許可。然而，並不是所有食材都會進行競價，也有採取詢價交易的方式，也就是由批發商和中盤商交涉，考量市場行情後訂出交易價格。此外，也有投標的方式，由各個中盤商寫下價格後提交，最後由價高的業者購得。至於海鮮中盤商，分成經營各種魚貨的業者，或是專營鮪魚、貝類的業者。由於壽司餐廳需要採購各種海鮮，有些人得跟多個中盤商合作採購，也有人是向特定中盤商下單，請對方幫忙採購需要的海鮮。

向批發商購買

今天這個好！

賣給零售商、餐廳

流盛 <ruby>流し盛り<rt>ながも</rt></ruby>

壽司裝盤的方式之一，從顧客的角度來看，壽司的小刃（p.92）在手邊，斜向（右側靠近手邊，左側較遠）擺放，壽司與壽司之間不要離太遠，保持平行排列。這種斜向擺法，對於慣用右手或用右手拿筷子的人來說，比較方便拿起壽司。因此，如果坐在吧台前的顧客是左撇子，就要以反方向排列。

流盛是現在最常見的擺盤方式，但這在過去推崇杉盛（p.120）的江戶時代卻被視為沒有格調的方式。

縱剖 _{なしわり} 梨割

用刀具縱向將食材一剖為二，因為像是切梨子一樣，日文漢字寫作「梨割」。在壽司餐廳講到縱剖，最常見的就是用出刃刀縱剖魚頭，也稱為「兜割」。

從下巴上方中央一口氣剖下

一手穩穩按住

② 切開下巴下方

茄子花壽司 ナスの花ずし

秋田縣南部的鄉土料理，將較大的茄子切成圓片，先用鹽醃漬一個月，再泡水去除鹹味，接著以重物加壓去除水分，然後鋪上蒸過的糯米、菊花、切碎的辣椒疊放在木桶，中間以竹葉隔開，並在上下撒滿糖後於木桶上加放重物繼續醃漬。這道料理先用夏天收成的茄子醃漬一次，等到秋天菊花開了再重新醃漬，充分展現了季節感。

納豆卷 _{なっとうま} 納豆巻き

包入剁碎納豆的海苔細卷，據說是盛岡一間叫三壽司的店最先推出。現在也有各種口味變化，像是加入紫蘇葉、小黃瓜、柴魚片等。納豆也會做成軍艦卷，據說最初是由銀座「鮨さゝ木」（鮨佐佐木）上一代的老闆佐佐木　全當年在「勘八」壽司店工作時想到的。把燙熟切碎的小松菜和納豆做成軍艦卷，然後撒點鹽裝盤。

Nadeshiko 壽司
なでしこ寿司 _{ずし}

2010 年在目前日本文化流行中心的東京·秋葉原開幕，是全球首間清一色由女性壽司師傅服務的餐廳，2019 年 4 月也開設了壽司學校。

我捏的握壽司

醋拌海參 なまこ酢 _す

用海參做的醋拌小菜，經常會加入星鰻、海帶莖、牡蠣、蘿蔔泥等拌在一起，是壽司餐廳裡常見的下酒小菜。

生熟壽司 <ruby>生<rt>なま</rt></ruby>なれ

室町時代出現的一種熟壽司，將魚抹上鹽後加入米飯，進行乳酸發酵製作而成。發酵時間短，只有幾週，因此米飯還保留原來的外型，會和魚一起吃。後來為了比生熟壽司能更快食用，就以加醋的方式來增添酸味，可說是早壽司（p.163）的起源。

波浪切法 <ruby>波<rt>なみ</rt></ruby>切り

又稱為小波切法，為章魚、花枝等切片時將柳刃刀前後小幅度移動，在表面切出波浪花紋。這麼一來魚料容易沾上醬油，與醋飯也比較密合；切魚板或煎蛋卷時也會使用這種方法。

波浪狀

眼淚 なみだ

壽司餐廳的行話（p.168），指的是山葵（p.197）。因為吃到山葵會嗆到流眼淚，所以借稱為眼淚。用鯊魚皮磨板（p.103）磨山葵泥時，要是一次磨很多也會流眼淚，但如果戴隱形眼鏡就能避開山葵的刺激。

熟壽司 なれずし

主要材料是魚、鹽和米飯，經過乳酸發酵製成的食品。相對於現在的壽司是加醋（醋酸發酵產生的酸）來添加酸味，過去的熟壽司是因為乳酸發酵而產生酸味。熟壽司的起源眾說紛紜，最可信的說法就是，熟壽司一開始是古代東南亞的保久食品，後來和稻作一起經由中國傳入日本。這種食品成為現代壽司的原型，根據紀錄可知，奈良時代的日本除了各種海鮮，也曾使用鹿肉、山豬肉來做熟壽司。現在滋賀縣琵琶湖沿岸仍能見到的鮒壽司，就很接近最初的熟壽司。由於經過幾個月時間發酵，魚骨都已經軟化，可以連骨頭一起吃。米飯因為糖化變得軟爛，要刮掉才吃。到了室町時代，出現發酵時間縮短，能夠更快食用的「生熟壽司」。不過，現在日本聽到「生熟壽司」的機會比「熟壽司」還少，屬於「生熟壽司」類別的也會統稱為「熟壽司」。而熟壽司為了與「生熟壽司」區分，有時也會稱為「本熟壽司」。

放生 <ruby>逃<rt>に</rt></ruby>がす

壽司餐廳的行話（p.168），意思是報廢食材。也有餐廳使用不同的說法，像是「放棄」、「丟掉」、「廢止」等。以烹調食

物維生的工作，盡可能不想報廢食材，而且
「報廢」二字讓顧客聽到也不太好，因此用
「放生」二字，聽起來像是將從大海中捕撈
的貴重生命回歸大地。

熬煮醬汁 煮切り

一般來說是將酒或味醂加入鍋子，以點火或
煮沸的方式讓酒精揮發掉的作業或是指這種
調理手法。不過，壽司餐廳會在日本酒或味
醂的酒精揮發掉之後再加入醬油，有時候還
會加入昆布一起煮。師傅會在捏好的壽司魚
料上用毛刷塗抹熬煮醬汁，再遞給顧客。

一般指的是
讓酒精
揮發

酒、
味醂等

壽司餐廳
指的是酒精揮發後的酒＋醬油

魚肉凍 煮こごり

魚類或肉類的滷汁因為膠質凝固而成，有些
是因為食材溶出的膠質而凝固，有些則是外
加膠質。壽司餐廳常用河豚、鰈魚、比目魚、
星鰻、安康魚等魚類的滷汁做成魚凍當作下
酒小菜。先以霜降手法（p.109）處理，用
乾淨的魚骨取高湯，過濾後調味，然後倒入
模型中放進冰箱凝固。

日本酒 日本酒

江戶時代的壽司攤並不供應日本酒，而是供
茶。不過，從描繪賞花景象的浮世繪（p.52）
《見立源氏賞花宴》可以看到吃著壽司桶
裡盛裝的壽司、生魚片以及酒麩（用酒燉
煮的麵麩），一邊飲酒的畫面，可知吃壽司
時會搭配日本酒。江戶時代也有不少壽司以
外送、外帶的形式販賣，可以想像在家中吃
壽司配酒的狀況。大正時代的壽司店多為立
食，常是迅速吃完就離開，因此在店內食用
也是配茶。在壽司餐廳飲酒的習慣，要等到
戰後，吧台前固定有椅子坐時才逐漸養成。

雙疊 2枚づけ

一次使用兩片壽司魚料交錯疊合，捏成一貫
壽司。通常是小鯽魚、水針這類體型較小的
魚會使用雙疊的手法，至於金目鯛、鮪魚這
種非小型魚，有時為了讓口感多變，也會用
雙疊的方式。

人間力 <ruby>人間<rt>にんげん</rt></ruby> <ruby>力<rt>りょく</rt></ruby>

人間力這個詞目前還沒有明確的定義，但經常在政府討論策略時提及。以內閣府設置的研究會對「人間力」構成的要件設定為「知識能力上的要件」以及「因應社會與人際關係的要件」，此外還加上能充分發揮這兩項的「自我管理要件」。回到壽司的話題，舉個極端的例子，有些狀況只要專注在料理上就能被視為一流廚師，但以壽司師傅的角度來說，在吧台之內必須詢問顧客的喜好、配合用餐的速度、偶爾還要適時加入對話、與顧客有良好互動，甚至從飲料到空調，關注到店內的每一個角落，絕不容許出現破壞用餐心情的氣氛。與顧客對話時，有時會聊到和壽司無關的內容，因此需具備全方面的知識；萬一不了解，也要有能力引導顧客說明。像這樣面對他人、觀察他人的壽司餐廳經營方式，四谷「壽司匠」的中澤圭二師傅在著作《鮨屋的人間力》中表示，「壽司這一行就是『毫無保留』的生意」，不僅是顧客與師傅之間，還有與中盤商（p.152）之間、與徒弟之間的互動都是同樣的道理。

刮取 ねぎ<ruby>取<rt>と</rt></ruby>る

一般講到的鮪魚泥（ネギトロ），其實是來自「刮取」（ねぎ取る）這個動詞，原意是「用蚌殼把肉刮下來」的動作。最初來自建築工程的專業術語，指在打造地下結構要往下挖掘出需要的空間（根切る）。事實上，沒有蚌殼的時候會用湯匙來刮。

皮岸等

鮪魚泥 ネギトロ

處理鮪魚切塊之後剩下的部分，靠近魚皮的筋以及筋之間油脂較多的肉，或是中骨之間的赤身（中落），用蚌殼（也可以用湯匙代替）等刮取下來的就是鮪魚泥。通常作為壽司魚料會用在海苔卷、軍艦卷或是沒有海苔的握壽司等，鮪魚泥卷和納豆卷一樣，都是銀座「鮨佐佐木」上一代老闆佐佐木全想出來的。鮪魚泥的日文「ネギトロ」（negitoro）裡的「ネギ（negi）」，原意是動詞「刮取」（ねぎ取る，negitoru），但鮪魚泥通常會和蔥白、細香蔥或珠蔥拌在一起，很多人會以為指的是蔥（發音也是ネギ），因此常誤譯為「蔥花鮪魚」。在豪華的餐廳會用原本可以切成整塊的部位剁碎做成鮪魚泥，反之一些廉價的鮪魚泥可能是在鮪魚裡另行加入油脂或添加物。

貓不理 <ruby>貓<rt>ねこ</rt></ruby>またぎ

這句話根據地區與情境的用法不太一樣，但一般指的就是連貓咪都顯得興趣缺缺，直接略過的魚，表示真的很難吃。現代人或許很難想像，但據說過去在相模灣捕到的鮪魚，因為載運到江戶的路上就變得不新鮮，尤其

油脂分布的「腹肉」（toro）部位，更容易碎裂或發出腥味，令人難以下嚥，曾有一段時期，鮪魚就是所謂的貓不理。

魚料盒 ネタケース

保存壽司魚料的盒子，種類繁多，有木材及玻璃製、插電的或是放入冰塊冷藏的類型。使用冰塊，就能在保存時不帶走魚料的水分。不放在顧客看得到的地方，也有人會使用沒有上漆的木盒裝好魚料放在冰箱裡。

野締 野じめ

魚貨的處理方式，基本上就是將捕撈的魚放置致死的意思。不過，就活締而言，代表了冰締（p.89）和捕撈後當場處理的兩種意義，因此有時候野締也有活締的意思。

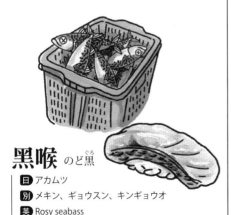

黑喉 のど黑

日	アカムツ
別	メキン、ギョウスン、キンギョウオ
英	Rosy seabass

全年都有豐富的油脂，非常好吃，又有「白肉鮪魚腹」之稱。帶皮炙燒或是連皮清蒸，突顯油脂的芳香再做成握壽司。魚肝也很好吃，通常會和薑、醬油做成帶點甜味的紅燒小菜，或是涼拌。去除魚皮時跟魚肝做成涼拌，就可以將整尾魚吃得半點不剩。市場裡通常賣的是體長超過 30 公分的黑喉，但如果要做握壽司，挑較少見的 20 公分以下比較好，雖然油脂相對少，但可以先用鹽醃一下半尾魚然後捏成一貫壽司，這個方式做出來的握壽司口味濃郁到令人驚訝。

海苔 海苔

適合壽司的海苔需要有香氣、入口即化、口感好、鹽分不太強烈等特點，海苔雖然是冬天收成，但採收時是剪下從養殖網長出來的部分，而海苔大概一個星期就能長到可採收的長度，剪下之後又會長，不斷重複。第一次採收的稱為「一番摘」，第二次採收的就是「二番摘」，一片養殖網可以採收 9～10 次。一番摘入口即化，口感又好，鮮甜成分豐富因此很美味，通常是當作送禮的高級品，二番摘之後的產品才是壽司海苔或飯糰使用的海苔。市面上的海苔也會標示「二番摘」，表示是市面上相對的上等貨。採收、加工後的海苔會送到各地的漁業協同組合，由檢查人員分成九個等級，再經過檢查分成十五個價位，由海苔批發商出價購買。海苔批發商通常會將等級較高的商品作為壽司海苔販售，而因為各壽司餐廳的師傅對於海苔有各人喜好，還要考慮跟醋飯搭配的效果，實際上也有人在挑選海苔時會特地卷著醋飯試吃。

海苔等級
優等
特等
一等
七等

海苔盒 <ruby>海苔缶<rt>のりかん</rt></ruby>

暫放壽司用海苔的金屬容器，通常會將每天要用的份量加上乾燥劑一起放進海苔盒，其他海苔則在放了乾燥劑的可密閉容器內保存。有些師傅為了避免海苔受潮，會用調理筷夾取而不直接用手拿。

海苔卷 <ruby>海苔巻き<rt>のりまき</rt></ruby>

統稱各種用海苔包著醋飯及配料的壽司卷，不過在壽司餐廳沒有指定配料的話，光講「海苔卷」指的就是「瓠瓜乾卷」。因為原先的江戶前壽司只有瓠瓜乾卷，後來才出現鐵火卷、小黃瓜卷（河童卷）等。反倒是在關西地區以南，講到海苔卷指的就是「太卷壽司」。

關東
（瓠瓜乾卷）

關西
（太卷）

星鰻幼魚 <ruby>のれそれ<rt></rt></ruby>

星鰻幼魚是土佐地區很有名的珍貴食材，做壽司時會做成軍艦卷，搭配薑泥和紫蘇，和同為土佐名產的柑橘柚醋搭起來口味絕佳。

星鰻幼魚

好～長

門簾 <ruby>暖簾<rt>のれん</rt></ruby>

最初的目的是用來遮陽、防風或是遮蔽視線，後來也有標示商號以及代表正在營業的功能。過去壽司攤上沒提供毛巾，但顧客都用手抓壽司吃，所以吃飽後會抓著門簾一角擦拭手指才離開。因此，好吃的壽司攤通常門簾都很髒，一般普遍認為「門簾愈髒的攤子生意愈興隆」。

多謝招待～

擦
擦

諾羅病毒 <ruby>ノロウイルス<rt></rt></ruby>

引起病毒性腸胃炎的 RNA 病毒，傳染途徑可能是接觸到感染者的糞便、嘔吐物或乾燥之後的粉塵，又因為病毒不怕自來水中的氯，在下水系統處理過程中無法完全去除，另外也可能吃到河川中殘留病毒的貝類等受到感染。有些狀況下因為「不明顯感染」，即使感染也不會出現症狀。曾有過廚師本身無症狀，但家人出現症狀的案例，因為廚師在這種狀況下調理壽司，結果傳染給顧客，因此貫徹用肥皂洗手，並且頻繁用次氯酸鈉消毒廁所門把，這些預防措施相當重要。

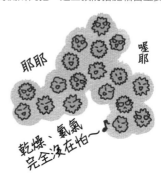

耶耶

喔耶

乾燥、氯氣
完全沒在怕～

日本鳳螺 <ruby>バイ貝<rt>がい</rt></ruby>

- 日 バイ
- 別 アカバイ
- 英 Japanese babylon
- 産 3～7月

棲息於日本各淺海地區的腹足類生物，做成握壽司有貝類獨特的爽脆嚼勁與口感，散發出的海水香氣及淡淡苦味最吸引人；有時候也會加酒燉煮。鳳螺的主要產地在日本海一側，但外觀類似的螺則在太平洋一側可捕到，產季在冬天到春天這段時期。

秤桿刻度 はかりめ

星鰻（p.42）的別名。由於在魚市場裡使用的秤桿刻度和星鰻體側的花紋類似，才有這個別稱。

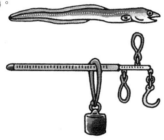

白色廚師服 <ruby>白衣<rt>はくい</rt></ruby>

工作時穿的白色衣物，各行各業的形式都不太一樣。光是壽司餐廳用的白色廚師服，就分成有沒有衣領、袖子長短、顏色差異等，通常為了方便清洗的工作，都會設計成短袖到七分袖。另外，如果穿有領子的廚師服，會在廚師服裡穿白襯衫，再打上深藍色之類的素色領帶。

炸彈卷 <ruby>ばくだん巻き<rt>ま</rt></ruby>

只包了山葵的海苔捲，也叫「眼淚卷」、「山葵卷」。我小時候跟家人到壽司餐廳，因為連續跟師傅要了好幾次山葵泥，師傅便問：「要不要試試炸彈卷？」就做了這個。因為我們當時是依個人喜好點餐，第一次由師傅主動建議的菜色，吃到時覺得很有新鮮感，至今記憶猶新。

毛刷 <ruby>刷毛<rt>はけ</rt></ruby>

木質或塑膠材質的長柄前端有毛的工具。江戶前壽司經常是由師傅把鹽、熬煮醬油、甜醬汁（p.145）等用毛刷沾了塗抹在魚料上，「直接吃就可以了。」送到顧客面前。此外，也有包含刷毛在內全都以竹子製成的毛刷，用來刷取沾在磨泥板上的柑橘皮。

筷子 <ruby>箸<rt>はし</rt></ruby>

無論是用筷子吃壽司，或是直接用手抓（p.147）都一樣，筷子保持與壽司平行的角度，夾的時候看起來會比較優雅，而且能保持壽司外型完整。如果是沒有沾熬煮醬汁（p.145）或鹽的壽司，可以用筷子將壽司朝自己的方向轉 90 度，再用筷子同時夾起魚料和醋飯，然後在魚料一角稍微沾點小碟子裡的醬油吃，動作俐落又優美。

叉牙魚壽司 <ruby>ハタハタ寿司<rt>ず</rt></ruby>

叉牙魚產地秋田與鳥取地區的鄉土料理。秋田的叉牙魚壽司有連頭使用一整尾的，也有切段製作的「切壽司」。將叉牙魚的魚鰓、內臟去除後（做切壽司的話連魚頭也要切掉），用鹽先醃漬兩天左右，用水清洗之後再用醋去除鹽分。接著在木桶裡鋪上竹葉，依序放入煮好的米飯、麴、鹽、味醂、酒、砂糖，拌勻之後加入叉牙魚，再撒上昆布、柚子、切成短片的薑、蕪菁和紅蘿蔔。同樣的材料反覆鋪幾層之後，最上方蓋好竹葉，醃漬三到四星期製作而成。至於鳥取的做法，則是先將叉牙魚醃過，然後塞入炒香的豆渣和調味酸酸甜甜的大麻籽，經過一星期左右熟成後完成。叉牙魚在日本還有「雷魚」的別名，據說是秋田冬天打雷時，叉牙魚會因產卵需要從深海游到岸邊的緣故。

八身 <ruby>八<rt>はち</rt></ruby>の<ruby>身<rt>み</rt></ruby>

鮪魚頭部的稀有部位。也稱腦天、角脂肉（ツノトロ）。因為有筋，要做成壽司魚料必須先取出包在筋裡的肉才行，但因為油脂豐厚鮮味、甜味皆濃郁，是很美味的部位。

帆鰭足溝魚 <ruby>八角<rt>はっかく</rt></ruby>

- **日** トクビレ
- **別** ハッカク、サチ
- **英** Sailfin poacher
- **產** 12～2月

在日本關東地區無論雄魚或雌魚都有「八角魚」的別名。外觀是迷彩花紋的顏色，尖尖的頭上帶著粗糙花皮，還有很大的魚鰭，加上呈現八角形，長得雖然不好看，卻很美味。八角形的身體橫放之下，還是可以用一般的三片切法來處理。冬天油脂豐厚，肉質軟嫩，高雅的口味從外表很難想像。

青花魚押壽司（Battera）
バッテラ

用醃青花魚做成的押壽司。Battera 這個名字來自葡萄牙語的「小船（bateira）」。如果是體型較大的青花魚，半尾可以做成四份切成六片的青花魚押壽司。青花魚的切法比較特殊，首先將半尾醃好的青花魚帶皮的一面朝下，刀子從與砧板平行的方向下刀切成四片。接著將最靠近魚皮的一片魚肉翻面，讓魚皮朝上，從頭在上方的方向配合壽司模型的長度斜切成四等份。將魚皮放在模型最下方的外側，接著陸續排上先前切下的腹部魚肉。魚肉不夠再補足，然後塞進醋飯壓實。將壽司從模型中取出後，把甜醋煮過的昆布鋪在青花魚上方，切成六等份。

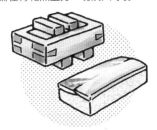

葉片壽司 <ruby>葉<rt>は</rt></ruby>っぱずし

福井縣吉田郡永平寺町的鄉土料理。在壽司飯鋪上醋漬的鱒魚之後，用油桐葉包起來。

油桐在這個地方也稱為「壽司樹」，據說在這一帶非常普遍，甚至家家戶戶院子裡都種植。油桐也是這個町的代表樹種。

壽司樹

華屋與兵衛 華屋與兵衛

江戶時代的江戶前壽司師傅，也是江戶三鮨（p.55）之一「與兵衛鮓」的創辦人。出身於靈岸島，也就是現在東京都中央區新川一、二丁目一帶。本名為小泉與兵衛，乳名碰巧就是壽司餐廳行話（p.168）代表壽司之意的「彌助」（p.192）。在製作箱壽司時，為了避免壓實之下讓魚肉脂油流失，他想到不使用模型壓製的方式，推出了「捏製速漬」的形式，據說就是現在江戶前握壽司的起源。最初是將壽司放在稱為「岡持」的提盒裡沿街叫賣，後來有了攤子，之後在1824（文政7）年更在兩國尾上町（現在的墨田區兩國一丁目8番、與兵衛鮨發祥地紀念碑）開設了「華屋」商號的壽司餐廳，到1930（昭和5）年歇業。然而，現在江戶前壽司的魚料要角──鮪魚，據說當年與兵衛認為這是廉價劣等魚，不拿來做握壽司。

© 株式會社 Mizkan Holdings（小泉達二收藏）

蛤蜊 <ruby>蛤<rt>はまぐり</rt></ruby>

- 日 ハマグリ
- 英 Common orient clam
- 產 2～4月

正式名稱為「文蛤」，由於外型很像栗子，「蛤」的日文名稱發音「hamaguri」跟「海邊的栗子」類似。最初分布的區域很廣，從北海道南部以南甚至到台灣，在海水淡水交界的溼地及淺灘上都看得到。但日本在1980年代之後，因為填海及護岸工程、水質污染的影響，使得蛤蜊數量逐漸變少。現在市面上主要流通的是與蛤蜊類似的中華文蛤以及韓國文蛤。講起來有些複雜，其實兩者名稱裡的中華、韓國並不是正確的棲息地點，中華文蛤生長在中國及韓國（內灣區域），韓國文蛤則生長在日本及韓國（面對外海的沙灘）。紅燒蛤蜊是江戶前壽司的經典魚料。每間店的做法大不相同，但通常事先用開殼刀撬開外殼、汆燙約30秒，從足部下刀朝左右兩側打開，將裡頭水管的沙粒和內臟清乾淨。汆燙的湯汁熬煮濃縮之後，加入醬油、酒精揮發完的味醂，再加熱到65度，把蛤蜊肉放進去浸泡一晚。瀝乾水分之後再捏製成壽司，最後塗上甜醬汁（p.145）。有些店家不塗甜醬汁，而是在煮蛤蜊肉時味道就調得重一些，或是塗上熬煮醬汁（p.155）。一開使用開殼刀的階段，要是還不習慣很容易傷到蛤肉。尤其是把裙邊部分切斷，捏起來的壽司就不好看。此外，在加熱上也很講技巧，雖說有低溫長時間的方式，但加熱過久會讓蛤肉變老，是高難度的作業。蛤蜊無論外觀看來再相似，只有屬於一顆貝的兩片殼能完全密合，因此常在婚宴上成為討吉利的一道料理，或是衍生出配對拼貝殼的遊戲。

狼牙鱔 _{はも}鱧

- **日** ハモ
- **別** ホンハモ、ウミウナギ
- **英** Dagger-tooth pike conger、Conger pike
- **產** 6～9月、10～11月

夏天到秋天是產卵時期，最好吃的時候是在這之前，或是產卵後再度變得肥美的晚秋時節。就像人家說的，「喝了梅雨的雨水變得美味」，這是在關西以西的地區會用來捏壽司的魚料。先在帶刺魚肉上用刀子多劃幾道，然後淋熱水（p.193），處理好之後才捏成壽司，一般會在最上方搭配醃梅肉泥或紫蘇葉，但其實也有用生鮮魚肉捏成握壽司，最後搭配熬煮醬汁吃。

（相關詞）切骨刀（p.173）

早壽司 _{はや}早すし

早壽司這個名稱目前在日本幾乎很少用，但在和歌山縣仍販賣以「早壽司」為商品名稱的青花魚押壽司。這款「早壽司」是拉麵店的單點品項，可以搭配豬骨醬油口味的和歌山拉麵一起吃。拉麵搭壽司的吃法，在日本全國唯有此地才有。

速成壽司 _{はやずし}早寿司

用醋讓米飯增添酸味製成的壽司，無論是現代的江戶前壽司、大阪壽司或是各地加醋製作的鄉土壽司，都算是廣義的早壽司。相對於以乳酸發酵出現酸味的熟壽司（p.154）、生熟壽司（p.154），製作時需要花費長時間，早壽司以添加醋（因醋酸發酵而來）來調味，可以短時間完成，因此稱為「早壽司」。早壽司也有幾個階段發展，早壽司剛出現的時期，現代日本各地還有箱壽司、押壽司等，做好之後要等一天才能吃。等到江戶時代出現了江戶前握壽司，可以做好馬上吃，就時間上來說又縮短了一些。

各種早壽司

豆皮壽司

海苔卷

握壽司

箱壽司

前腹 _{はらかみ}腹上

鮪魚在切成魚塊（p.96）時，腹部靠近魚頭的部位稱為前腹。這個部位可以取到大腹肉、中腹肉、赤身，而且腹肉（脂肉）的比例很高，是鮪魚切出的魚塊中價值最高的。只有靠近背骨的中央部分是赤身，此外，靠近魚皮一側從背部依序能完整切出中腹肉、霜降、大腹肉、皮岸等部位。但由於必須去除包覆血合肉與內臟的筋膜，利用率（p.169）並不高。

前腹

尾腹 <ruby>腹下<rt>はらしも</rt></ruby>

鮪魚在切成魚塊（P.96）的時候，腹部靠近魚尾的部位稱為尾腹。油脂分布的狀況每尾魚略有不同，但通常靠近魚皮的地方可以取到中腹肉，中央部分則為赤身。

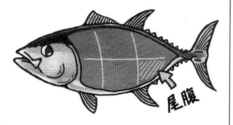

Bara 壽司 <ruby>ばら寿司<rt>ずし</rt></ruby>

京都府北部丹後地區的鄉土料理。一般的魚蝦鬆大多使用白肉魚或沙蝦製成，但 Bara 壽司的特色就是使用由青花魚做成的魚鬆。傳統的魚鬆會將烤青花魚用砂糖和醬油燉煮得帶甜味，但近年來多半直接用罐頭青花魚燉煮之後加入砂糖和醬油。把壽司飯鋪在稱為「松蓋」的木盒裡，撒上青花魚魚鬆，然後再鋪一層壽司飯，上方擺滿各式各樣的配料。配料依據每個地方與家庭各有不同，常見的有蛋絲、魚板、紅薑、滷香菇、竹筍等。又稱為松蓋壽司（p.181）。

鮭魚腹肉卷 <ruby>ハラス巻き<rt>ま</rt></ruby>

用烤過的鮭魚腹肉，加上小黃瓜、紫蘇葉、白芝麻做成的海苔卷。通常用切成一半的海苔來做。

中腹 <ruby>腹中<rt>はらなか</rt></ruby>

鮪魚在切成魚塊（p.96）時腹部位於中央的部位稱為中腹。價格也高，僅次於前腹。和前腹部位一樣，中腹也能取到大腹肉、中腹肉、中間則是赤身。接近肛門比腹鰭稍往魚頭一側的位置，是稱為「蛇腹」的稀有部位。因為運動量多，肉質紮實，又位於腹部最下緣油脂豐厚，甜味濃郁。

剖腹 <ruby>腹開き<rt>はらびら</rt></ruby>

從魚腹部下刀剖開，不切斷背側的皮，剖成一整片。小鯽魚醋漬時就會先剖腹，如果是體型小的小鯽魚，也可以剖腹後直接用來捏製握壽司。此外，用秋刀魚和香魚製作的姿壽司 *，有些地區也是採用剖腹的手法。

* 譯註：整尾魚剖開後塞入醋飯壓實做成的壽司。

一葉蘭 <ruby>葉蘭<rt>は らん</rt></ruby>

蜘蛛抱蛋屬的常綠多年植物，葉子和竹葉類似，但生長的型態並不同。通常使用在和食的裝飾上，鋪在食物的下方。在壽司餐廳裡則會鋪在餐台（p.144）上，把壽司放在上面，或是鋪在壽司桶（p.122）裡。此外，外型類似一葉蘭的塑膠材質人造葉片，則稱為「山形葉」

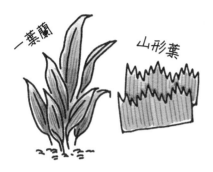

一葉蘭　　　山形葉

飯切 <ruby>飯切<rt>はんぎり</rt></ruby>

壽司桶的別名，有些地方寫成「半切」。製作醋飯（p.110）時，因為攪拌米飯時用「拌切」的方式，因此稱為「飯切」。另外還有「飯台」這個稱呼。在壽司餐廳裡為了和裝盤端上桌的壽司桶有所區別，製作醋飯的容器就另外稱為「飯切」。用大型飯鍋（p.119）炊煮米飯的店家，會使用大到兩尺半（直徑75cm）的飯切。使用之前要將飯切用水充分浸溼，這麼一來米飯就不會黏住。使用後清洗時不要用清潔劑，只要沾溼之後用傳統鬃刷沿著木紋刷洗，就能很容易洗掉米粒的黏滑感。由於木材會吸水，清洗後一定要立起來充分乾燥，避免發黴。另一方面，飯台如果過於乾燥會使得木材收縮，脫離桶箍，所以必須隔一段時間就泡水。此外，正如人說，木桶類的容器必須經過將鬆掉的桶箍重新拴緊才算完成，據說經過這個階段就能使用得很久。

攪拌

珠蔥 <ruby>万ネギ<rt>ばん</rt></ruby>

日文稱「萬能蔥」。通常主要用來作為青皮魚握壽司的佐料。一般會切成蔥花放在魚料上。為了避免沾醬油時蔥花掉下來，也有人會把蔥花鋪在醋飯上，然後像用魚料夾起來似地捏成握壽司。在高級餐廳裡經常會用細香蔥（p.41）來取代珠蔥。

亮皮魚 <ruby>光り物<rt>ひか もの</rt></ruby>

指魚皮反光發亮的魚種。這也是壽司餐廳特殊的用語。包括青皮魚像是小鯽魚、竹筴魚、青花魚在內，其他還有沙梭、水針、小鯛魚、刺鯧等都屬於亮皮魚。

左比目右鰈魚

左ヒラメ右カレイ

這是一句俗話，用來分辨眼睛都在身體一側的比目魚和鰈魚。將有顏色的一側朝上，有內臟的一側朝向自己時，看起來眼睛（或頭部）在左邊的就是比目魚，在右側的則是鰈魚。不過，有極少數狀況眼睛在左側的是鰈魚，或在右側的是比目魚。其實比目魚和鰈魚剛出生時都是左右對稱，經過二十到四十天之後眼睛才會各自開始往左右兩側偏，且體色也只在有眼睛的一側會逐漸變黑。眼睛在移動時，移動一側的視神經會通過另一側眼上方的是比目魚；反過來説，往下方通過的則是鰈魚。此外，就外觀來説，嘴巴較大且有大顆鋸齒狀牙齒、眼睛扁平的是比目魚；至於嘴巴較小，眼睛突出的就是鰈魚。江戶時代中葉，當時日本各地還不會區分比目魚與鰈魚，因此一律都稱為鰈魚。在江戶則是體型大的叫比目魚，小的叫鰈魚。像比目魚和鰈魚這類左右不對稱的魚屬於異體目，這種魚在全世界據説多達六百種。

← 左比目

· 牙齒銳利
· 嘴巴較大

恐怖！

· 小嘴巴

右鰈魚 →

一粒壽司　一粒寿司

ひとつぶずし

用一顆米粒捏成一貫的袖珍壽司。是由位於淺草的「壽司屋野八」第二代老闆推出的。

Hine 壽司　ひねずし

石川縣奧能登地區對於「熟壽司」（p.154）的別稱。因為熟成的意思從「變得老舊」的「陳ねる（hineru）」衍生而來，成為「Hine壽司」。這個地方對於熟壽司還有其他稱呼，像是「izushi」、「susu」等。這一帶的熟壽司多半使用竹筴魚，但有時也會用青花魚、沙丁魚、鮭魚、小鯛魚等。熟成期間大約兩個月，屬於生熟壽司（p.154）一類。

裙邊小黃瓜卷

ひもきゅう巻き

使用血蛤等貝類裙邊和小黃瓜做成的海苔卷。如果裙邊的份量不少，光是貝類裙邊和小黃瓜也可以做成豪華的海苔卷。

黃尾鰤 <ruby>平政<rt>ひらまさ</rt></ruby>

- **日** ヒラマサ
- **別** ヒラソ、ヒラサ
- **英** Yellowtail amberjack
- **產** 6〜8月

屬於鰤魚類，和紅魽、青魽並稱是「鰤魚三寶」。體型比青魽來得扁平，而且因為又平又直，日文名稱為「平政」。身體上的特徵是側面會有一道黃線，表面長著小鱗片，去鱗時需要「梳引」（p.120）的技巧。分布範圍廣，不僅在日本近海，其他像是印度洋、太平洋溫帶、亞熱帶海域都能看得到，九州、四國地區全年都撈得到，東北地區則在夏季撈捕。和青魽一樣，油脂量不太會變化，一整年都好吃。時令標示初夏到秋天，意思是在這段時間能捕撈到的量較多。目前在九州進行養殖，但養殖和野生能捕撈的量都不大，屬於高級食材。因為吃起來不會感到油膩，即使是養殖的也很好吃。腹肉比較有嚼勁，通常會切得很薄，用兩到三片疊起來（雙疊 p.155）處理也很美味。吃起來口感Q彈，清爽的油脂在口中擴散。握壽司搭配經典的熬煮醬汁也好，不過沾點甜醬汁，或是在熬煮醬汁中加入味醂增添甜味突顯鮮味也很棒。

比目魚 <ruby>平目<rt>ひらめ</rt></ruby>

- **日** ヒラメ
- **別** テックイ、オオクチカレイ、ヒダリグチ、ソゲ（幼魚）
- **英** Bastard halibut、Olive flounder
- **產** 11〜3月

比目魚在日本近海除了沖繩之外全國各處都捕撈得到，但主要產地仍在北海道、青森、宮城等北部地區。養殖則都是在溫暖的地區進行，以鹿兒島、大分、愛媛這些地方為主要產地。幾隻比目魚疊在一起時，在下方的比目魚上側的黑色會移到上方的比目魚腹部，腹部會變黑。這就成了判斷養殖或是放流比目魚的標記。此外，比目魚花十五分鐘就能改變表面的體色色調。比目魚的魚肉紮實，帶有非常濃郁的鮮甜味。一般以昆布漬為最經典的處理方式，但其他像是搭配熬煮醬汁、椪醋，或是柑橘＋鹽都很適合。

速食 ファーストフード

江戶時代發展出許多路邊攤，在顧客點餐後立刻供應，類似現代速食的餐飲型態，除了壽司之外，還有蕎麥麵、天婦羅、蒲燒鰻、糯米丸子等。壽司攤的經營形式是把預做好的壽司放在木盒裡，讓顧客依個人喜好挑選來吃。至於價格，當時的小攤子一貫壽司賣四到八文錢，算起來相當實惠，卻據說也有價格高到六十文的店家。此外，壽司師傅捏一貫壽司所需的時間大約十秒鐘。或許壽司可說是日本最古老，而且最快速的速食。

費城卷（Philadelphia Roll）
フィラデルフィアロール

主要配料為費城奶油乳酪和鮭魚的海苔卷，鮭魚通常使用生鮭魚或是煙燻鮭魚，有時候捲在裡頭，有時候鋪在最外層，其他配料會有酪梨、小黃瓜之類，這道海苔卷的靈感來自 Bagel&lox（lox 是燻鮭魚，Bagel&lox 是鋪上奶油乳酪和燻鮭魚的貝果）。

鮭魚
酪梨
費城奶油乳酪

河豚 河豚

日 トラフグ　**別** シロ、ホンフグ
英 Japanese pufferfish、Torafugu、Tiger puffer
產 12～3月

通常講河豚就是各種河豚的總稱，但這裡指的是號稱最高級的虎河豚。分布以北海道為最北端，在日本近海都看得到，但主要產地和消費地區都是西日本，目前也有很多人養殖。過去規定要具備河豚料理師資格的店家才能販賣，但 2013 年限制鬆綁，如果使用的是在產地已去除有毒部位的「河豚碎肉」，又符合一定條件，即使沒有河豚料理師資格的店家也能販賣，因此有更多壽司餐廳使用。毒性最強的部位是肝臟與卵巢，魚腸也有弱毒性，但魚白沒有毒性，可以炙燒後捏成壽司，魚皮則會搭配椪醋或做成魚凍當作下酒菜。

行話 符牒

只有業界才懂的用語、暗語。壽司餐廳也有很特殊的行話。像是表示數字 pin（1）、兩（2）的用法，還有魚料等各種與壽司相關的詞彙。此外，在市場裡中盤商（p.152）在購買商品時要表達價格，或是商品內容時，也有專用的行話。就算是同一個業界，行話也會因為各地方而有差異，甚至有每個店家特殊的用法。這些行話原本是為了不讓顧客知道在同行間的用詞，因此即使是普遍了解的意思，直接對顧客使用多半會認為並不得體。

熱茶
兩！
好的！

太卷 太巻き

用一整片海苔最長一邊製作的海苔卷。配料通常有瓠瓜乾、煎蛋、星鰻、小黃瓜、肉鬆、滷香菇、鴨兒芹等。米飯使用量一卷約有 250g。以一杯米製作 300g 左右的壽司飯而言，想像用量約是 5/6。製作時在海苔上方空出 2cm，下方空出 1cm 左右，捲好之後讓米飯朝兩側稍微擠出多一點，看起來比較漂亮。此外，關西地區會稱太卷為海苔卷。

利用率 歩留まり

魚把頭、內臟、骨頭等不能當作魚料的部分去除之後，與可使用魚料部分的比例（重量）。如果能使用的比例高，就會說「利用

率高」，反之則會説「利用率低」。干貝淨肉、章魚腳、煎蛋捲是 1，以標準手法三片切的魚則約為 0.4～0.5，比目魚和花枝約為 0.35。壽司店的成本計算時，要將進貨價格再除以利用率，得到的價格才是淨成本。淨成本再除以從一整塊魚塊可切出的壽司魚料數量後，就能計算出一貫壽司魚料的成本。

可做魚料的部分　利用率
魚肉

去掉的部分
魚骨
內臟　魚皮

鮒壽司 ふなずし 鮒寿司

滋賀縣的鄉土料理。使用棲息在琵琶湖的大眼鯽做成的熟壽司（p.154）。除了大眼鯽之外，也會用其他像是高身鯽、銀鯽等各類鯽魚來做。基本做法就是先把鱗片、鰓、以及卵巢之外的內臟去除後清洗乾淨，然後把魚吊起來晾乾，去除水分。取出內臟時不切開腹部，而是跟鰓一起從嘴巴掏出來。接著用鹽先醃漬。在鯽魚腹部塞滿鹽，然後在木桶內以一層鹽一層鯽魚交疊堆放，蓋上內蓋後加壓重物，放置幾天。接下來用水把鹽醃的鯽魚清洗乾淨，確保表面的黏液完全去除，然後晾乾（萬一有蒼蠅產卵會長蛆，因此在晾乾室內）。再來跟米飯一起醃漬發酵的過程稱為「本漬」。先用燒酒沾溼雙手殺菌，再將煮好的飯塞進鯽魚肚子裡，然後在木桶裡以米飯和鯽魚交疊排堆放後，蓋上內蓋及重物加壓，醃漬幾個月。在夏天土用（譯註：在一年中四個節氣立夏、立秋、立冬、立春的大約 18 天）之前鹽醃的話，就可以吃到冬天，不過也有人會醃漬超過一年。至於吃法，可以將鯽魚肉切片當作配菜，也可以做成茶泡飯吃。鮒壽司因為蛋白質發酵後會散發胺基酸特殊的氣味，有此一說，這股氣味就是導致織田信長死於明智光秀手下，也就是「本能寺之變」的原因。德

川家康造訪安土城時，負責接待的光秀準備的近江著名料理中就有鮒壽司，信長卻在大庭廣眾下怒斥光秀，還解除他接待一職，命秀吉協助。此舉讓光秀顏面掃地，也招來怨恨。使用 Alabaster 這種測定氣味濃度的儀器測量的結果，鮒壽司的氣味接近納豆或是未加熱的臭魚乾，大概是剛烤好出爐的臭魚乾一半的數值。

相關詞 瀕臨絕種（p.127）

鹽漬 3 個月　和拌了鹽的米飯一起醃漬半年以上　去除鹽分

船底 ふなぞこ 船底

握壽司的醋飯最理想的形狀。握壽司的醋飯並不單純是長方體，而是下側較窄，與魚料接觸面較寬的船底形，或是小圓柱狀。至於加了魚料後的握壽司整體則像是扇形。

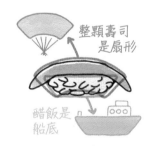

整顆壽司是扇形

醋飯是船底

雷雅德 ぶらんどん れあーど Brandon Laird

2015 年起效力於北海道日本火腿隊，2019年轉到千葉羅德海洋隊的美籍職棒選手。熱愛壽司，只要一擊出全壘打就會對著鏡頭擺出捏壽司的手勢。

青鮒（鰤魚）鰤

- **日** ブリ
- **英** Japanese amberjack、Five-ray yellowtail
- **產** 10～2月

身為出世魚（p.111）加上各地方的稱呼都不同，因此有非常多的別名。野生與養殖的都有，但即使養殖也會先捕撈野生幼魚當作魚苗。目前進行養殖的地方有鹿兒島、大分、宮崎、愛媛、高知等地，野生青鮒則分布在西太平洋、鄂霍次克海、日本海、東海等地，夏季會沿海一帶的沙丁魚、小鯽魚為食，一路北上到北海道，等到秋冬累積脂肪後再南下。在嚴寒季節脂肪特別豐厚的青鮒就稱為「寒鰤」。市面上最先看到的是在北海道撈捕的「天上鰤」，到了十一月開始出現富山的「冰見鰤」。冰見鰤通常在十一月底左右油脂最肥厚，魚協等各個相關代表趁這個時期會組成判定委員會，發表「冰見寒鰤宣言」，在隔年二月之前推出評比等級更高一級的品牌──「冰見寒鰤」。其他各地青鮒的品牌還有像是「佐渡鰤」、「能登鰤」等。青鮒這種魚會因為各個部位，以及熟成程度的差異，給人完全不同的印象。因為體型大，三片切處理之後還會再分成背側和腹側。背側要做為壽司魚料還是有些厚，因此會水平分切成兩片。腹側的油脂軟嫩，入口即化，美味不在話下，但背側分成兩片之後，上側油脂少的部分也有強烈甜味，又是另一種迷人風味。料理青鮒最典型的方式是熟成和醃漬。一般大多會去皮之後捏成握壽司，但也可以帶皮炙燒，然後再醃漬。

文學作品

伊豆的舞孃 伊豆の踊り子

主角與舞孃分別後，在下田港往東京的船上落下滴滴淚水，坐在旁邊的男孩問他，「你遇到什麼不開心的事情嗎？」然後遞出用竹皮包起來的海苔卷。

《伊豆的舞孃》川端康成（著）／新潮社

聽，海神的聲音
きけ わだつみのこえ

將在第二次世界大戰中身亡學生們的日記、信件集結成冊。二十三歲的濱田忠秀身患瘰疾，在病榻上寫了，「真的好想吃天津的握壽司」。

《聽，海神的聲音。日本戰沒學生手記》日本戰沒學生紀念會（編）／岩波書店

學徒之神 小僧の神樣

受雇於神田一間秤行的學徒仙吉，在店裡聽到其他幾位主管聊到壽司，很想吃吃看，於是揣著四文錢到攤子上。沒想到他想吃的鮪魚腹肉握壽司竟然要六文錢，仙吉垂頭喪氣離開。這一幕都讓年輕貴族議員看在眼裡，日後議員在秤行巧遇仙吉，便請他吃壽司。

《學徒之神》志賀直哉（著）／岩波書店

沙拉紀念日 サラダ記念日

「和你一起吃的三百圓星鰻壽司這般美味讓我懂得什麼是戀愛」、「和母親一起做豆皮壽司，一面嚼著劃下夏日句點的大麻籽」。深刻體會到，製作豆皮壽司的踏實感，能感受到人與人之間的情感，還有星鰻壽司與愛情的連結出人意表不愧是作者才有的表達方式。

《沙拉紀念日》俵萬智（著）／河出書房新社

鮨 鮨

前半段描寫東京某間壽司店的店內風景。後半則是該壽司店裡的一名常客回憶自己的童年時光。面對腦筋雖好但有潔癖，不肯好好吃飯的孩子，母親在屋外沿廊用一排全新工具製作握壽司，讓孩子發現用餐的樂趣。清新的文章讓人體會心動的感覺，並看到壽司帶來的精彩世界，收錄在《老妓抄》一書。

《老妓抄》岡本加乃子（著）／新潮社

青梅竹馬 たけくらべ

活潑的少女美登利，住在吉原一間叫做「大黑屋」的青樓，在祭典夜裡被對立的橫町組成員丟擲了沾了泥巴的草鞋，隔天氣得不去上學。母親擔憂之下對她說，「要不待會兒叫個壽司吃吧？」

《青梅竹馬》樋口一葉（著）／新潮社

握壽司名人 握り寿司の名人

從戰後到昭和這段時間的壽司發展，記述作者一己壽司觀的隨筆散文。由於就當時所知的資料來說並不完整，可以當作作者抒發個人見解的作品。

《魯山人的餐桌》（rentier 叢書）北大路魯山人（著）／角川春樹事務所

二十四隻瞳 二十四の瞳

第二次世界大戰爆發前來到瀨戶內海分教場任職的新進教師大石老師，班上有十二名小學一年級的學生，這十二個學生的雙眼，就是二十四隻瞳。大石老師的先生與母親因為戰爭亡故，三個孩子之中女兒八津因為飢餓誤食青柿導致急性腸炎喪命。戰後，十二名學生之中的五人預定重逢之日，大石老師的兒子提議帶著稻荷壽司到八津的墓前。

《二十四隻瞳》壺井榮（著）／岩波書店

蔬食壽司 ベジ寿司

不使用魚而以蔬菜為配料的握壽司。像是酪梨、杏鮑菇、金針菇、蘿蔔嬰、茄子、彩椒、秋葵、花椰菜、醃蘿蔔乾、小黃瓜等，各式各樣的蔬菜都可以用來製作握壽司。這幾年來有一些遊日觀光客集體到壽司餐廳用餐，而且愈來愈多食素的顧客，有些店家會特別準備蔬食壽司套餐來因應。

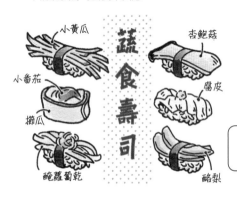

小黃瓜　　　杏鮑菇
小番茄　　　腐皮
醃瓜
醃蘿蔔乾　　酪梨

鱉甲壽司 べっこう寿司

島壽司（p.108）的別名。靜岡縣的伊豆地區與駿河地區也有鱉甲壽司，這一帶指的是用醃漬鮪魚做的握壽司。另外，三重縣的志摩地區也有鱉甲壽司，這裡的跟島壽司類似，指的是用醬油醃漬的魚料、旗魚、土魠魚、青魽等做成的握壽司。

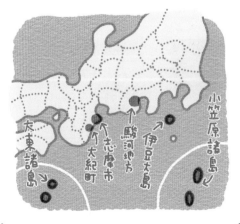

放射盛 放射盛り

將壽司放在大盤子裡的擺盤方式。在大型壽司桶裡一次盛裝三到五人份的壽司時，以中心朝外放射狀擺放壽司的方式。當眾人圍坐在壽司旁時，無論從哪個角度看都是同樣的景象，最適合多人一起享用時的擺盤。

刀具

小出刃 小出刃

出刃刀之中刀刃在 10cm 左右的小型刀，稱為小出刃刀或是 切刃。因為小尺寸，方便使用，適合用來處理像是竹筴魚、小鯽魚、沙梭、小鯛魚、水針、沙丁魚、秋刀魚、蝦、貝類、星鰻等體型較小的種類。

蛸引 蛸引き

生魚片刀的一種，主要是關東地區使用，不過現在連關東地區也以柳刃刀為主流。蛸引的刀刃比柳刃刀來得薄，最適合用來切生魚片薄片。此外，還有刀刃更薄的生魚片刀，會用來片河豚。柳刃刀連最前端也有刀刃，可以用這部分來劃出切痕，但蛸引就沒辦法這樣用。蛸引是從江戶時代的文化·文政年間開始生產，比柳刃刀（嘉永·安政時期）更早就使用。

刀工 ほうちょうしごと包丁仕事

江戸前的手法之一。手用刀具的裝飾切痕，還有各類超越裝飾境界的魚料切法，多種變化為握壽司帶來視覺與味覺上的不同。

出刃刀 でばぼうちょう出刃包丁

處理整尾魚時使用的單刃刀。刀刃從 10cm 到 30cm 都有，平滑的部分呈寬邊的三角形。刀背厚重，只要將刀刃貼在魚的背骨關節之間，稍微出力就能憑著刀刃本身的重量輕易切開。刀刃比刀背薄很多，如果要勉強切開硬物，會造成刀刃受損。出刃刀用來切取包覆內臟的骨頭肌肉薄膜就非常方便，刮著薄膜時會感覺到整把刀蘊藏了許多和魚類相關的智慧。

鮪魚刀 マグロぼうちょうマグロ包丁

切割鮪魚使用的長刀，用在將一整尾生鮮鮪魚分切成魚塊（p.96）時。壽司餐廳採購鮪魚時通常都已經切成魚塊或「冊」（p.100）的狀態，並不需要使用鮪魚刀，但如果要表演解剖秀時就用得到。此外，冷凍鮪魚硬邦邦的，切開時就不用鮪魚刀而會使用類似電鋸的工具。

切切切

切骨刀 ほねきりぼうちょう骨切包丁

切狼牙鱔骨頭的刀具。狼牙鱔在切片之後魚肉上會帶有很多小刺，要把小刺一一拔除相當費工，但是把骨頭切細就能直接吃。切骨刀的刀刃薄，但刀背厚重，這也是有原因的。這麼一來，刀刃從自己手邊往外推時，就能利用刀具本身的重量把骨頭切斷，以每隔幾公厘的距離往側面移動。

柳刃刀 やなぎばぼうちょう柳刃包丁

生魚片專用的細長刀具，最初是在關西地區生產使用，現在是日本全國最常使用的生魚片刀。壽司師傅通常會使用超過一尺（約30cm）的柳刃刀，切生魚片或是壽司魚料時，一定是將刀刃朝自己方向移動下刀，因為切片時刀刃不會前後移動，所以必須夠長。加上因為一刀切一片，切片表面就會平滑且帶有光澤，美麗的切片也決定了壽司整體之美。

角仔魚 ホウボウ

- **日** ホウボウ
- **別** キミヨ
- **英** Gurnard
- **產** 10～3月

粉紅色類似圓柱狀的外型，胸鰭的一部分像腳一樣發達，讓人印象深刻但外觀又有點嚇人的魚。不過，處理之後剝掉魚皮，就成了很正常又高級的白肉魚。口味淡雅，卻有不輸給河豚的甜味與鮮美，差別在肉質沒有那麼有嚼勁。整尾魚體並不算大，以比例來說魚頭卻很大，導致整體利用率低，購買時一次多買幾尾比較好。

可以在海底大步行走！

朴葉壽司 朴葉ずし

岐阜縣、長野縣、奈良縣等幾個地方才有的鄉土料理。共同點就是會把壽司放在朴樹葉上面，不過有些地方是把配料放在壽司飯上，有的地方則是和飯拌在一起。至於配料，也會因為不同地方有很多變化，像是鮭魚和紅燒蜂斗菜醬菜、香菇、紅薑等。吃的時候可享受朴葉沾到壽司飯上的香氣。

星 星

指青柳蛤的貝柱。青柳蛤有兩個貝柱，大小各一，大的叫大星，小的叫小星。青柳蛤在市面上會賣剝好的淨肉，只有貝肉或只有大星、小星販賣。大星的價格比貝肉還高，不使用海苔的大星握壽司，是考驗材料、捏製技術的奢華極品。

帆立貝 帆立貝

- **日** ホタテガイ
- **別** ホタテ、アキタガイ、イタラガイ
- **英** Japanese scallop
- **產** 6～8月

因為前進時貝柱會像船帆一樣立起來，因此稱為帆立貝。事實上是很用力從水管噴水，利用反作用力而移動。魚市場裡有養殖的帆立貝剝殼完只取貝柱裝成一包包販賣，叫做干貝淨肉。在日本，一顆貝柱的單位稱為「一玉」，市面上的包裝有十五玉裝和二十一玉裝，方便用來做壽司的大小。專賣貝類的中盤商（p.152）也有賣帶殼的帆立貝。一般做握壽司時會將一玉從水平方向片成兩等分，然後再從水平方向下刀片開但不完全切斷，攤開成一整片。但切成薄片帆立貝的口感也相對減少，因此有些人不切片，直接用刀刃在縱向劃多道切痕，更加貼合醋飯。此外，想要更品嚐到帆立貝的口感，就不要捏成握壽司，而是做成磯邊燒（p.49），當作下酒菜來吃也很棒。

北寄貝 北寄貝
ほっき がい

- **日** ウバガイ
- **英** Sakhalin surf clam
- **産** 12～2月

產季可以在魚市場買到北海道產的帶殼北寄貝，牠是中國蛤蜊的同類，就算不太會剝殼的人也可以輕易剝開。生鮮北寄貝呈膚色，足部前端帶點灰色，但加熱之後灰色的部分會變成鮮豔的橙色。比較各種調味或是生食和炙燒不同調理法的口味，各種吃法都很有趣。

魚骨仙貝 骨せんべい
ほね

用魚的中骨酥炸而成。用低溫的油慢慢炸到不會起泡之後，撒點鹽再吃。此外，跟柑橘、咖哩粉也很搭。經常使用的魚類有沙梭、竹筴魚、水針、星鰻之類，基本上小型魚都沒問題。就跟明蝦頭一樣，酥炸之後就能整尾吃掉，毫不浪費。

海鞘 ホヤ

- **日** マボヤ
- **英** Ascidian, Sea pineapple, Sea squirt
- **産** 6～7月

外表看起來像是作為壽司魚料的貝類，其實不屬於脊椎動物也不屬於無脊椎動物，在分類上是脊索動物。在海裡乍看會以為是植物，類似海藻根部的部位附著在海底的岩石上。由於三陸地區有養殖，在仙台的壽司餐廳吃得到，不過以日本全國來說算是罕見的魚料。由於帶有濃郁的海水香氣，搭起酒來的美味不可言喻。海鞘拌海鼠腸（p.92）做成的這道「莫久來」，也是會讓人酒一杯接一杯的下酒小菜。至於莫久來這個名字的由來眾說紛紜，其中一說是因為海鞘的外型酷似水雷，從「水雷」→「爆發」→「莫久來（發音和「爆雷」相同）」而來。

本手返 本手返し
ほん て がえ

握壽司的捏製手法。因為捏法複雜沒什麼人用，就連正港的壽司師傅也有人從來沒親眼看過這種手法。在壽司漫畫裡經常也被視為是「傳說中的手法」。不過，在這個方便的時代，只要是上傳到YouTube的影片，人人都能觀賞。先用右手食指將魚料和醋飯貼合之後，將右手食指緊貼著醋飯，同時右手掌心朝上翻轉，用左手從上方接住壽司。接著左手也掌心朝上翻面（壽司則是回到魚料在下方的狀態），捏一下左手讓壽司的兩側收緊，然後打開左手，讓手朝稍微往下的方向，將左手掌中的壽司落下翻個面，用右手食指和中指從上方壓緊，調整外型後完成。因為步驟很多，直盯著迅速捏製的師傅令人嘆為觀止。

相關詞 小手返（p.90、132）、立返（p.140）

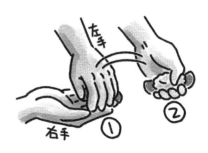

魚字旁的漢字

魚字旁的漢字有超過一千個，而在日文中「魚」這個字除了指魚本身，也有捕撈（海鮮類）這個動詞的意思。此外，魚貝類以外的其他水生生物身體的一部分或是狀態，各種情境都有表達的漢字。這裡介紹的是包含魚貝類在內，相對較為人知的水生生物。

13劃 魛〔たちうお〕

15劃 魷〔いか〕 鰤〔かます〕 鮁〔はまち〕 魴〔ほうぼう〕

16劃 鮎〔あゆ〕 鮑〔あわび〕 鮟〔あん〕（安康） 鮇〔いわな〕 鮖〔かじか〕 鮍〔かわはぎ〕 鮗〔このしろ〕 鮃〔ひらめ〕 鮐〔ふぐ〕 鮒〔ふな〕（比目魚）（河豚）

17劃 鮭〔さけ〕 鮫〔さめ〕 鯉〔こい〕 鮴〔こち〕（竹筴） 紫〔はまぐり〕 鮬〔ぼら〕（蛤） 鮪〔まぐろ〕 鮱〔ばら〕

18劃 鯏〔あさり〕 鯑〔かずのこ〕 鯒〔こち〕 鮹〔たこ〕（章魚） 鯊〔はぜ〕（鯊魚）

19劃 鯵〔あじ〕 鯨〔くじら〕 鯖〔さば〕 鯢〔げい〕 鯱〔しゃち〕 鯛〔たい〕 鯰〔なまず〕 鯡〔にしん〕 鯔〔ぼら〕 鯧〔まながつお〕 鯥〔むつ〕

20劃 鱇〔あら〕 鰒〔あわびふぐ〕 鰍〔いなだ〕 鰕〔えび〕 鰈〔かれい〕 鰆〔さわら〕 鰉〔ちょうざめ〕 鰌〔どじょう〕（泥鰍） 鰌〔なまず〕 鰊〔にしん〕 鰄〔ひろあし〕（蝦）

21劃 鰡〔いか〕 鰮〔いわし〕 鰯〔いわし〕 鰩〔とびうお〕 鰰〔はたはた〕 鰤〔ぶり〕 鰐〔わに〕（魟）

22劃 鰺〔あじ〕 鰲〔おおうみがめ〕 鰻〔うなぎ〕 鰹〔かつお〕 鰶〔このしろ〕 鱆〔たこ〕 鱈〔たら〕

23劃 鱏〔えい〕 鱚〔きす〕 鱒〔ます〕

24劃 鱠〔かさごだ〕 鱣〔ちょうざめ〕 鱩〔はたはた〕 鱧〔はも〕

26劃 鱵〔さより〕

27劃 鱸〔すずき〕 鱷〔わに〕

魚字旁的演變

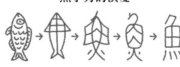

前掛 <ruby>前掛け<rt>まえかけ</rt></ruby>

日本自古就有在腰際圍上圍裙的習慣，因此壽司師傅的前掛並沒有覆蓋到上半身。由於壽司是徒手捏製，師傅全身上下的整潔感非常重要。前掛圍在白色廚師服上，也就是身體的最外側，如果沒有維持得筆挺，會讓人有不修邊幅的印象。圍好之後類似綁和服衣帶的方式紮實繫上，背部再反折一直線，前側的衣帶和打的結也保持一直線。

前面　　背面

長度隨各人喜好

員工餐 まかない

員工餐通常是由還在學藝的廚師來負責。至於壽司店的員工餐，基本上就是用不拿來做為壽司魚料的部位，或是已經過了最佳食用時期的魚料來做，常見的菜色有散壽司、海苔卷、魚雜湯等。另外也有像是搭配香草香煎醃漬過的鮪魚血合肉，有時還會用各種不同配料來做蛋包飯（p.63）、炸蝦飯糰等。

呼

捲簾 <ruby>巻き簾<rt>まきす</rt></ruby>

也稱竹簾，是製作壽司卷的工具。用細線串起竹片製作而成，以竹子綠色的表面為上方，細線拉出來的一側面朝外使用。共分成製作細卷、中卷、太卷、伊達捲四種用途的尺寸，此外，還有特別用來做外圍呈鋸齒狀的伊達捲的捲簾，竹子是呈三角形。

相關詞 銀簾（p.86）

鮪魚

黃鰭鮪 <ruby>黄肌 鮪<rt>きはだまぐろ</rt></ruby>

- 日 キハダ
- 別 ホンハツ
- 英 Yellowfin tuna
- 產 3～8月

和南方鮪魚、大目鮪都屬於中型鮪魚，而且背鰭與尾鰭呈亮黃色。和其他鮪魚相較之下，肉質油脂較少，在日本關西地區會比關東地區來得受歡迎。雖然不受鮪魚腹肉熱愛者的青睞，反過來說，黃鰭鮪是怕油膩的人也能嘗試的鮪魚種類。魚肉色淺，尤其脂肪少的部分呈粉紅色。通常會花點工夫讓鮮味更加濃縮，比方霜降處理（p.109）之後再醃漬。

我喜歡在溫暖的海域

長鰭鮪 <ruby>備長 鮪<rt>びんちょうまぐろ</rt></ruby>

- 日 ビンナガ
- 別 ビンチョウ、ビンナガマグロ、カンタロウ、カンタ、トンボ、トンボシビ、アバコ
- 英 Albacore
- 產 全年

小型鮪魚，接近鰹魚的大小。特色是胸鰭長到能碰到第二背鰭。從正面看時胸鰭像

「BinToro」就是說我啦！♪

是鬢角一樣，稱為長鰭鮪。又因為胸鰭看起來像是蜻蜓的翅膀，英文名字就稱為Albacore。分布於全球熱帶與溫帶海域，日本近海則主要棲息在北海道以南的太平洋一側。和其他鮪魚相較之下紅色較淡，赤身也呈粉紅色。甜味也相對少，但腹肉稱為「BinToro」，是迴轉壽司餐廳裡很受歡迎的魚料。

黑鮪魚 本 鮪

- 日 クロマグロ
- 別 シビ
- 英 Pacific bluefin tuna
- 產 10～2月

等級最高、體型最大的鮪魚。分布在北半球的太平洋與大西洋海域，在大西洋的是另一種類，大西洋黑鮪魚。印度則不見蹤跡。太平洋黑鮪魚在日本近海出生，沿著太平洋迴游到北美，然後再返回日本近海產卵。在日本，因為能捕到幼魚，加上黑鮪魚可以買到很高的價格，因此也有人捕撈幼魚進行養殖（養殖鮪魚 p.194）。做為壽司魚料的特色就是搶眼的紅色，以及明顯的酸味。

每年春節
有眾所皆知的開春競標♪

南方鮪魚 南 鮪

- 日 ミナミマグロ
- 別 インドマグロ
- 英 Southern bluefin tuna
- 產 6～10月

因為只生長在南半球，稱為南方鮪魚。過去曾在印度洋捕獲，也稱為印度洋鮪魚。因為生長在南半球，產季剛好與黑鮪魚錯開，在夏季到秋季這段時間特別珍貴。僅次於黑鮪魚的高級鮪魚，目前在澳洲進行養殖（養殖鮪魚 p.194）。體型可長到約250kg，和大目鮪、黃鰭鮪一樣都屬於中型鮪魚。口味上油脂豐富，酸味比較不明顯。肉色方面，無論腹肉或赤身和黑鮪魚比起來都比較偏紅色，由於可以取到比較多的腹肉，南方鮪魚代表性的壽司就是粉紅色的腹肉握壽司。

我居住在
南半球

大目鮪 目撥 鮪

- 日 メバチ
- 別 バチ、バチマグロ
- 英 Bigeye tuna
- 產 10～3月

和其他鮪魚相較之下眼睛很明顯，因此稱為大目鮪，英文名稱也取同樣意思，叫做Bigeye tuna。廣泛分布於亞熱帶到熱帶地區，無論日本或全球的捕獲量，都僅次於黃鰭鮪。在日本近海捕撈到的也有生鮮魚貨，但市面上流通的多半是冷凍品。因為並不像黑鮪魚一般高價，沒有推動養殖研究，因此只要提到大目鮪一定都是野生。因為油脂含量較低，就算在腹部也幾乎取不到大腹肉，最多只有中腹。切片的特色就是魚肉顏色相對偏白。

眼睛炯炯有神
的大目鮪

正本總本店 <ruby>正本総本店<rt>まさもとそうほんてん</rt></ruby>

關東地區具代表性的刀具品牌，在日本有「西有次，東正本」的説法。據説第一代老闆就是在關東地區首次打造純鋼質菜刀的人物，於 1866（慶應 2）年創立正本總本店。

© 株式會社正本總本店

鱒壽司 <ruby>鱒寿司<rt>ますずし</rt></ruby>

富山縣的鄉土料理。因為鐵道便當的關係，成為知名度相當高的壽司。在圓形木片便當盒裡以放射狀鋪上竹葉，最下層是醋漬鱒魚，填滿壽司飯之後加壓重物製作而成。這種將魚放在下方的製作方式稱為「逆造」，也是傳統鱒壽司的做法。魚滲出的汁液不會透進米飯裡，是保持米飯美味的方法。

鱒壽司博物館
ますのすしミュージアム

由生產富山鄉土料理鱒壽司而聞名的「鱒壽司本舖 源」打造的鱒壽司主題博物館。裡頭有工廠、可以參觀傳統製法、體驗製作鱒壽司，並提供江戶時代的便當容器展示。

所在地：富山縣富山市南央町37-6

電話：076-429-7400

營業時間：9:00～17:00

URL：http://www.minamoto.co.jp/museum

松崎喜右衛門
<ruby>松崎喜右衛門<rt>まつざききうえもん</rt></ruby>

松崎喜右衛門於 1702（元祿 15）年在相當於現今日本橋人形町二丁目的 河岸開了江戶三鮨之一「笹卷毛拔壽司」，出身越後新發田。至今神田仍有當年從笹卷毛拔壽司分出的分店，也是現存最古老的江戶前壽司餐廳。比據説是開發出現代握壽司的華屋與兵衛（p.162）開的與兵衛鮓還早一百年開業。壽司用竹葉包裹，熟成一天之後才食用，和現代的江戶前壽司不太一樣，但仍然名列在壽司餐廳排行榜（江戶三鮨 p.55）中。

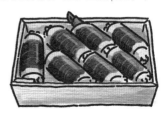

Nobu 與 De Niro

松久信幸 <small>まつひさのぶゆき</small>
松久信幸

出身於埼玉縣，全球知名的壽司師傅。包含共同經營在內，全世界經營的餐廳、飯店約達四十間。高中畢業之後即在東京的壽司餐廳學藝，二十四歲時在日裔第三代的祕魯企業家延攬之下赴祕魯開業。然而，因為經營理念不合，三年就離開該店前往阿根廷，到其他壽司餐廳任職。中間一度回國之後，再次赴美並在阿拉斯加開業，卻在開幕後不久因火災而歇業。後來在洛杉磯的日本料理餐廳「Mizuwa」和「王將」工作，一邊清償債務，在 1988 年於比佛利山開了自己的餐廳「Matsuhisa」。在電影圈大受歡迎，之後於 1993 年與該店常客演員勞勃·狄尼洛（Robert De Niro）合資在紐約開了「NOBU」（NOBU New York City）；2000 年 10 月則和設計師喬治·亞曼尼（Giorgio Armani）合資在義大利米蘭開了「NOBU Milan」。此外，勞勃狄尼洛也邀請他在電影《賭城風雲》（Casino）中軋一角，是演來自日本的賭客。

松蓋壽司 <small>まつぶた寿司</small>

京都府北部丹後地區的鄉土料理，又稱「Bara 壽司」（p.164）。因為使用好幾層松木木盒像蓋子一樣，因此叫做松蓋壽司。松蓋不僅用在做壽司，也可以拿來放搗好的年糕。

松前壽司 <small>まつまえずし</small>
松前寿司

用北海道產昆布包捲的青花魚棒壽司。江戶時代到明治時代，航行於日本海的北前船會從北海道運來昆布，松前壽司就是使用這種昆布製作。最初名為昆布卷壽司，但大阪一間叫「丸萬」的壽司餐廳在 1912（明治 45）年將松前壽司登記為商標，之後又撤回，自此之後用昆布包起來的青花魚棒壽司就稱為松前壽司。由於白板昆布的別名就叫松前昆布，這種壽司經常會和使用白板昆布做的青花魚押壽司 Battera 混淆，但 Battera 是押壽司，做法是將青花魚切片後排在盒子裡，使用的是白板昆布；松前壽司則是用不切開的半片青花魚，昆布用的是黑板昆布。

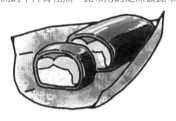

砧板 <small>いた</small>まな板

砧板的日文是「まな板」，「まな」的漢字寫成「俎」，指的是古代中國放置貢品的台子。在日本最初代表「魚」的意思，因為是用來切魚的板子，因此稱為「まな板」，後來雖然也用來切其他食材，同樣都統稱為砧板。日本傳統的砧板都是木材，但現在一般家庭或餐廳多半使用塑膠或合成橡膠材質。由於魚肉含的水分較多，使用能適度吸水的木製砧板可以讓魚肉跟砧板密合，魚肉比較不會滑動。在平常妥善保養刀具的壽司餐廳裡，比較愛用檜木、銀杏、朴樹等木質的砧板。處理整尾魚和貝類容易讓砧板受損、變色，因此在作業區通常會分別準備事前處理專用的砧板，以及在顧客面前切壽司魚料的砧板。此外，處理星鰻時要將魚頭釘住，會使用星鰻專用的砧板。比起其他地方的料理，日本料理更重視切食材的步驟，廚師也就等於「站在砧板前的人」，因此會稱呼為

あかさたなはまやらわ

「板前」。在壽司的領域，即使使用相同的魚，光是處理方式就能讓口味變得截然不同，對壽司師傅而言，砧板可説是最重要的烹調工具之一。

丸壽司 まる丸ずし

愛媛縣南予地區的鄉土料理。用醋漬過的小魚，塞入用甜醋調味的豆渣，以及薑、大麻籽、還有磨碎的柑橘皮。魚通常使用的是小鯛魚、沙梭、沙丁魚、竹筴魚、丁香魚等。

丸付 まるづ丸付け

使用一整尾魚，所以用「丸」這個字，在日文中表示「完整、整個」的意思。用小鯽魚、仁丹（小竹筴魚）（p.115）等一尾捏成一貫握壽司，這就叫「丸付」。此外，大小剛好適合丸付的魚會稱為「丸付尺寸」。

漫畫

綺羅羅的壽司
江戸前鮨 職人 きららの仕事

早川光（原作）、橋本孤藏（漫畫）／集英社

故事描述自幼喪母，由老街手藝高超的壽司師傅養育成人的女孩海棠綺羅羅，代替病倒的祖父重振餐廳的經過。一開始很單純描述追求美味壽司的經過，但故事發展之下突然一變成為壽司手藝較勁的競爭。

江戸壽司王 江戸前の旬

九十九森（作）、佐藤輝（畫）／日本文藝社

主角柳葉旬，老家是壽司餐廳「柳壽司」，他是第三代接班人。因為父親病倒，讓他踏上壽司師傅之路，跟著多位壽司師傅學藝，逐漸成長。內容不僅提到壽司的製作技巧及小知識，還有恰到好處的人情描述，劇情豐富，是很好讀的一套漫畫。

京・壽司！ おすもじっ！◆司の一貫◆

鹿賀滿（原作）、加藤廣史（畫）／小學館

京都的江戸前壽司店「早蕨」有一名女扮男裝學藝的女孩「司」，後來早蕨的老闆病倒，司便收了完全外行的「壽」為弟子，內容就是透過製作壽司描寫兩人的成長。每一回都有難應付的顧客來到早蕨，看著兩人面對的課題以及因應的過程，不但讓讀者很有收穫，也心有所感。

慰勞自己的獨享壽司
ごほうびおひとり鮨

早川光（原作）、王嶋環（漫畫）／集英社

主角是年過三十，遭到交往超過十年男友甩掉、人生跌到谷底的伊崎藍子。公司後進建議她可以奢侈一下，她卻沒什麼想法。這時她碰巧問了往來客戶「什麼算奢侈？」對方想都不想就回答：「吃壽司！」於是，藍子

在沒有訂位之下就直衝位於四谷的高級壽司餐廳。主角以市井小民的心情說出吃壽司的感想，讓讀者感覺像是一起享用，從藍子和師傅之間的問答中也能獲得很多知識。主角藍子在書中造訪都是實際知名餐廳，每一回的故事都會有無菜單套餐的內容及價格，很適合想要體驗一人壽司的讀者做行前想像訓練。在眾多壽司漫畫中，就屬這一套最寫實。作者早川光在 BS12 頻道主講的節目「早川光的極致美味壽司」等於是這套漫畫的影片版，也很推薦。

將太的壽司 将太の寿司

寺澤大介（著）／講談社

在東京世田谷區「鳳壽司」工作的少年關口將太，以成為日本第一的壽司師傅為目標，參加「壽司師傅大賽」淘汰賽一路勝出的漫畫。過程中陸續會有一些壞心眼的角色想打敗將太，就是少年漫畫經典的走向，另一方面也有為了理解狼牙鱔骨骼而特地照 X 光這類只有在這套漫畫中才看得到的罕見情節。

壽司第一！すしいち！

小川悅司（著）／leed 社

主角是江戶時代末年在壽司街上開了「油菜花壽司」的師傅生駒鯛介。由於故事背景是江戶時代，內容中有大量介紹當時壽司以及歷史風情的資訊，相當能滿足讀者的求知慾。書中還有很多鯛介藉由壽司療癒人心的感動小故事。

壽司女孩 寿司ガール

安田弘之（著）／新潮社

在對人生感到疲憊的女性面前，每次都會出現頭頂不同壽司的小女孩陪伴這些女性。是一部令人會心一笑的漫畫，採取每篇獨立的形式，相當療癒人心，內容沒什麼壽司相關的知識，推薦給只想輕鬆閱讀的大人。

壽司店老闆娘真心話 寿司屋のかみさん うちあけ話

佐川芳枝（原作）、桑佳麻（漫畫）／少年畫報社

因為喜歡壽司，從銀行行員嫁入壽司店成了東中野 名登利老闆娘的佐川芳枝，這本就是她執筆的散文集漫畫版。在這本漫畫裡可以看到，老闆娘要負責製作醋飯、練習做海苔卷等，一窺家族經營的壽司餐廳。看到老闆娘津津有味吃著用鍋粑捏成的飯糰，打從心底覺得好可愛。

肌紅素 ミオグロビン

動物肌肉中的紅色蛋白質，肌紅素從血液中流動的血紅素（由血球蛋白與 4 個血基質組成，可以搬運 4 個氧分子）接受氧氣後，進行肌肉內的氧氣儲存與搬運。分成血球蛋白這個連接胺基酸和血基質鐵兩個部分，血基質鐵與 1 個分子的氧氣結合。因此，運動量較多，需要大量氧氣的鮪魚、鰹魚這類紅肉魚（p.41），肌紅素含量較高，魚肉就會呈紅色。水產學上每 100g 魚肉中含有超過 10mg 的肌紅素就稱為紅肉魚，低於這個標準的則稱為白肉魚。但一般壽司餐廳的菜單中則以外觀分成紅肉魚、亮皮魚、白肉魚。

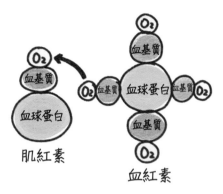

肌紅素

血紅素

碎肉 身欠き

從整塊的「冊」（p.100）中切去不需要、受損的部分，或是因為有筋得去除才能切成魚片的作業。因為切出可用的部分，多餘的就成了碎肉。市面上的「河豚碎肉」是切掉

了有毒無法食用的部分，而「鯡魚碎肉」則是鯡魚乾燥之後剝下來的部分。如果有了這些多餘的地方，無論再怎麼樣仔細切片（p.84），還是會影響切片的形狀，因此在製作美觀的壽司前修掉碎肉是很重要的一項作業。

米其林指南
ミシュラン・ガイド

法國輪胎製造商米其林（Michelin）為了推廣駕駛文化以提升輪胎銷售量，於 1900 年起推出的美食指南。一開始跟現在差很多，將加油站、郵局、街道地圖都列入導覽指南，到了 1926 年才針對高服務品質的飯店及餐廳採取星星評等制度。起初只有一星，後來改為三星等級，並由匿名調查員進行訪查，逐漸演變成今日型態。至於首次製作法國以外其他國家的版本，是 1904 年的比利時版。日本版的首次發行則是《米其林指南東京 2008》（於 2007（平成 19）年 11 月 22 上市），之後到 2019 年每年都有東京版，關西版雖然設定的範圍有變化，仍從 2009 年之後每年發行。其他地區則是以單次介紹的形式出現，並未有網羅日本全國的版本。有些餐廳雖然在米其林指南未能摘星，卻也符合一定的標準，包含這些餐廳在內，2019 年 7 月之前的資料都刊登在網站上。東京、京都、大阪、北海道、宮城、富山、石川、愛知、岐阜、三重、奈良、鳥取、廣島、愛媛、福岡、佐賀、長崎、熊本、大分共十九個地區有 366 間壽司餐廳（岐阜、奈良、鳥取、大分是沒有星等餐廳在內）。

水章魚 水蛸

- 日 ミズダコ
- 別 ホッカイダコ
- 英 North Pacific Giant Octopus 產 11～3月

生長在東北、北海道以北的日本海，是章魚類之中最大的一種。因為體型大，在魚市場裡會有分一根根腳販賣的「章魚腳」。用柳刃刀去除吸盤和外側的皮，再以霜降處理（p.109），但有些店家也會帶著吸盤直接切，有些則是低溫稍微加熱。有的餐廳會用刀根拍打到好嚼入口，或是多劃幾道切痕，但也有走華麗裝飾切痕（p.72）的店家。佐料方面則是鹽＋柑橘、椪醋和辣蘿蔔泥特別搭。章魚腳去除吸盤和外皮之後，同樣也以霜降處理，然後拌入柑橘，或是做成醋拌小菜，拌醋味噌就可以吃了。實質利用率（p.168）達百分之百。

味滋康博物館
ミツカンミュージアム

由生產銷售醋品的味滋康株式會社經營的體驗型博物館，位於味滋康的創辦地點，愛知縣半田市。館內介紹味滋康生產醋類產品的歷史、釀造技術，以及對產品的堅持，讓大眾了解飲食文化的魅力所在。遊客可以搭上復刻版的弁財船，觀賞從半田運醋到江戶的影片，在充滿危機的航程中，感受當時船運對物流及飲食文化發展的貢獻，令人動容。由於壽司是味滋康創辦人開發出粕醋的契機，壽司與粕醋有著互相支持下蔚為流行的背景，因此館內也有豐富的壽司相關展示。

所在地：愛知縣半田市中村町2-6

電話：0569-24-5111

開放時間：9:30～17:00（採事先預約制）

URL：https://www.mizkan.co.jp/mim/

宮島 宮島

指飯煮好之後加入調合醋，拌勻製作醋飯時使用的飯杓。比一般家庭用的飯杓大一些，配合壽司桶的尺寸有各種大小的宮島。切拌醋飯時飯杓帶圓的的一側朝上，順著手腕握住柄，然後與壽司桶底部平行的方向移動。

蘘荷 茗荷

原產於東亞的薑科植物，一般食用的是花穗部分。這種蔬菜很適合搭配壽司飯，切碎之後和紫蘇葉、白芝麻拌入壽司飯，就成了一道簡單的散壽司。此外，要做蘘荷握壽司的話，先將蘘荷對半切開，汆燙後擰乾水分，用甜醋醃漬，然後擰乾甜醋之後和魚料用相同的方式捏成握壽司。

味醂 みりん

用來當作調味料的酒精飲料，在蒸熟的糯米中拌入米麴，再加入燒酎經過常溫下的熟成，最後壓榨製成。壽司餐廳裡製作熬煮醬汁（p.155）時都會用到味醂。此外，現在味醂在市面上都當作調味料販售，但其實一開始是飲料。江戶時代主要還是被當成高級的酒品飲用。到了現代，新春時期喝的屠蘇（譯註：過去習慣在農曆正月初一喝的藥酒）就是用味醂調製，養命酒也是在味醂裡浸泡中藥製成。

象拔蚌

日本海神蛤 白ミル

- 日 ナミガイ
- 別 シロミルガイ、オキナノメンガイ
- 英 Japanese geoduck
- 産 3〜5月

最初食用的是類似的貝類——象拔蚌，但因為數量減少、價格提高，才以日本海神蛤代替。不過，在迴轉壽司餐廳吃到的象拔蚌，又是海神蛤的替代品——美國象拔蚌。去掉外殼後將水管部分汆燙，剝掉薄皮，切片之後就能作為魚料。

① 從貝殼中取出，把水管、內臟、裙邊切開。

遠闊　　　　　裙邊　內臟　（剖開）　水管

② 汆燙、泡冰水，把皮剝掉。

冰水

③ 切片後捏壽司

象拔蚌 本ミル

- 日 ミルクイ
- 別 ミルガイ
- 英 Mirugai clam
- 産 1〜3月

本來分布在日本全國各地，但數量減少，愈來愈難捕獲，成了超高級的食材。由於生長緩慢，要長到能當作壽司魚料的大小需要將近十年的時間，再次生長的循環趕不上，被列為瀕臨絕種（p.127）。現在市面上號稱的象拔蚌多半是以進口貨、日本海神蛤或是美國象拔蚌當作替代品，為了區別，真正的象拔蚌也簡稱「本象拔蚌」。只有水管部位會用來當作壽司魚料，利用率非常差，已經瀕臨絕種還以這麼奢侈的方式享用，想起來真的相當過意不去。但這種魚料口感爽脆，還有貝類的 Q 彈，邊嚼邊在口中散發海水香氣與鮮味。

裂痕 身割れ

切成魚塊「冊」（p.100）的狀態下魚肉出現裂開的情況。青花魚、土魠魚、鰹魚這幾種魚的側腹部很容易裂開，常會說「容易有裂痕」。魚肉有裂痕對當作壽司魚料而言堪稱致命傷，如果裂痕太大也可能整塊當作碎肉（p.184）使用。

裂痕明顯到這種程度不能當壽司魚料。

蒸壽司 蒸し寿司

在關西以西的地區吃得到用蒸籠蒸熱的散壽司。至於壽司的配料或因地區和店家而不同，看起來似乎是散壽司裡會有的食材。

熱騰騰　熱騰騰

紫色 むらさき

壽司餐廳的行話（p.168），意思是「醬油」。據說是因為醬油的顏色，還有過去醬油價格高昂，很貴重，就像紫色的染織品一樣，只有身分地位高的人才會穿戴。

鰻魚釘 目打ち

處理星鰻、狼牙鱔等體型長的魚類時使用的金屬工具。用這種釘子刺穿魚頭，固定在砧板上。通常是刺在眼睛一帶，但有時候也會刺身體其他柔軟的部位。鰻魚釘有兩種，一種是直的，一種是 T 字型。

蔥芽 芽ネギ

發芽之後立刻採收的細細嫩蔥。沒有辛辣味，口感爽脆，香氣十足，比起長大的蔥好入口很多。用二十到三十根蔥芽切成一般魚料的長度，放在醋飯上再用海苔帶包起來，就成了蔥芽握壽司，蔥芽和醋飯的香氣完美搭配，簡單又清爽。也可以用切成極薄的白肉魚之類爽口魚料來代替海苔，將蔥芽和醋飯包起來，蔥芽可充分突顯出白肉魚的鮮美。此外，用十根左右的蔥芽切成 2cm 小段，放在剝皮魚、河豚之類的上方，搭配辣蘿蔔泥當作佐料也很美味。

目張壽司 めはり寿司

橫跨和歌山縣南部與三重縣南部的熊野地區，以及奈良縣吉野郡的鄉土料理。將一顆差不多像軟式棒球大小的飯糰用醃漬高菜的葉片包起來，因為吃的時候必須張大嘴、睜大眼睛，所以叫做「目張壽司」。醃漬高菜要先去除鹽分，再泡進醬油口味的醬汁。裡頭包的飯糰最初是麥飯，但現在都改用白飯。這個地區是以出產吉野杉而聞名，據說目張壽司最初就是方便伐木人在森林裡吃午餐，可以一併吃到白飯與醃菜而產生。

海蘊（水雲） もずく

海藻中海蘊科植物的總稱，會附著在其他藻類上生存。海蘊經常會用三杯醋或土佐醋做成醋拌海蘊，是壽司餐廳裡常見的一道小菜。此外，海蘊也會用來做壽司，像是軍艦卷，或是在口感稍硬的飯中加入醋拌海蘊做成散壽司、海蘊豆皮壽司、海蘊海苔卷。

週邊商品

布偶裝 着ぐるみ

可以讓人穿在身上的大號布偶裝。通常出現在主題樂園、兒童電視節目，以及趣味裝扮上，用途廣泛多樣。市面上也有壽司外型的布偶裝，讓人人都能輕鬆變身成壽司。

橡皮擦 消しゴム

壽司造型的橡皮擦。在玩具店、觀光區以及魚市場都買得到，當作小玩具或伴手禮。與其拿來當一般橡皮擦使用，更推薦用來玩扮家家酒。

食物模型 食品サンプル

在餐廳當作食物範本展示所製造的塑膠產品。最初見於大正末年到昭和初期，一開始使用的原料是蠟，但現在都改用樹脂。原本是以餐廳為銷售對象，這幾年來會展示食物模型的餐廳愈來愈少，因此多半轉為加工製成鑰匙圈、手機殼之用，並且在網路上或觀光區販售，也有些店家推出遊客製作體驗。食物模型在外國稱為 food sample 或是 fake food，其實用樹脂製作食物模型是日本特殊的宣傳方式，對外國觀光來說是很受歡迎的伴手禮。目前市面上會以壽司造型做成 UBS 隨身碟、鑰匙圈、耳環、手機殼或手機架、名片盒等用品。

行李箱套 スーツケースカバー

把整個行李箱包起來的外罩套，套上行李套之後，整個行李箱就成一貫握壽司。魚料種類有鮪魚、蝦、青花魚、鮭魚卵、章魚及煎蛋捲可選擇。出現在行李輸送帶上時就和迴轉壽司一模一樣。

壽司糖 寿司キャンディ

做成握壽司、海苔卷造型的糖果。味道當然是砂糖的甜味，完全沒有壽司的風味。在築地、淺草等觀光區可以買到，是主打外國觀光客的伴手禮。

T恤 <ruby>T<rt>てぃー</rt></ruby>シャツ

印有壽司圖案的T恤。過去感覺上多半是喜歡日本的外國人才會穿的壽司T恤，近年來連日本人也愈來愈多人會穿。如果看到有朋友穿了壽司T恤，就捉弄他一番！

江戶，得到了江戶向島（後來的佃島）領地與漁業權。在這個區域裡捕撈要貢獻給江戶城的魚貨，多出來的就在日本橋小田原河岸販賣，據説這就是魚河岸（魚市場）的起源。森孫右衛門一族在大阪時代德川家康渡瀨戶內海時協助偵察，後來在江戶灣經營漁業的同時，也負起向幕府報告海上狀況的任務。換句話説，有人認為他並不是單純的漁夫，反倒比較像是水軍或海盜。此外，若從文獻來推算，在年齡上也出現矛盾，因此，理論上在大阪與家康相熟的，以及和家康一起來到江戶的，應該是父子兩代森孫右衛門，並非同一人。

盛盤筷 <ruby>盛箸<rt>もりばし</rt></ruby>

師傅在盛盤時使用的長筷子。材質有竹子和不銹鋼，不鏽鋼材質的日文又稱為「真菜箸」，這裡的「真」指的是魚，原本是夾魚類專用的筷子。

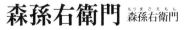

森孫右衛門 <ruby>森孫右衛門<rt>もりまごえもん</rt></ruby>

曾是攝津國西成郡佃村（現在的大阪市西淀川區佃町）的漁夫，也是奠定江戶魚市場基礎的人物。1950（天正18）年德川家康到江戶時，隨著德川家康和一群漁夫夥伴移居

諸子魚箱壽司 <ruby>もろこ箱寿司<rt>はこずし</rt></ruby>

愛知縣西部與岐阜縣的鄉土料理。將諸子魚這種鯉科的淡水魚用醬油、粗糖和薑紅燒之後，鋪在壽司飯上放進木盒裡壓實製成。將多個木盒疊放，敲打楔子壓實壽司。

緬懷與兵衛的壽司

誕生於江戶時代的「江戶前握壽司」，據說是華屋與兵衛想出來的。當時的握壽司會將魚料以「紅燒、醋漬、醃醬油」等各種方式事先處理過。握壽司的大小和現在也不同，一貫重達 45g（大概是現在的兩倍）。使用的醋是粕醋，為了長期保存，使用的鹽量也比較多。這幅名為「緬懷與兵衛的壽司」的作品，刊載在第四代小泉喜太郎的弟弟小泉清三郎的著書中。明治時代川端玉章畫了華屋與兵衛的華屋壽司，從右上起依序為：香魚姿壽司、伊達卷、海苔太卷、明蝦握壽司、青花魚押壽司、從左上則依序為：小鯛魚、銀魚、象拔蚌、鱒魚、小鰶魚、沙梭、竹筴魚、花枝印籠壽司、血蛤、瓠瓜乾卷。由於與兵衛用的是粕醋，醋飯上會有顏色。銀魚、蝦之類的醋飯裡頭有點黑黑的，是因為當時的醋飯是拌入碎海苔的海苔飯，還會用加了香菇和蝦鬆的什錦飯來做握壽司。與兵衛鮓在昭和初期已經歇業，但追溯起來至今仍營業的吉野鮨本店（日本橋）、喜壽司（人形町），以及弁天山美家古鮨（淺草）等餐廳都系出同門。（江戶前壽司譜系 p.26）

《緬懷與兵衛的壽司 家庭 壽司的製作方法》／出自小泉清三郎著作（原畫由吉野鮨本店收藏）

燒霜 <ruby>燒<rt>や</rt></ruby>き<ruby>霜<rt>しも</rt></ruby>

直接炙燒魚皮部分，讓魚皮變得好入口的技術，是皮霜（p.78）的一種。壽司魚料中鯛魚、土魠魚、金目鯛、鰹魚、黑喉等會做成皮霜生魚片。過去會燒稻草以炙燒的方式，現在則多用鐵串（p.74）串起整塊「冊」（p.100），用瓦斯爐或小烤爐的爐火直接炙燒，或是放在調理盤上用瓦斯噴槍炙燒。

可以完整品嚐到包含魚皮的鮮味

彌助 <ruby>弥助<rt>やすけ</rt></ruby>

壽司餐廳的行話（p.168），指的就是握壽司。歌舞伎的戲碼「義經千本櫻」裡頭，在源平合戰中落敗的平重盛之子平維盛，以「彌助」這個假名藏匿在瓶釣鮨這間賣香魚壽司的壽司店，因此「彌助」就成了意指壽司的代名詞。至於這齣戲碼的舞台壽司店真的存在，是一間位於奈良縣下市町營業超過八百年的香魚壽司老店「瓶釣鮨 彌助」。

壽司店的彌助
其實是
平維盛

路邊攤 <ruby>屋台<rt>やたい</rt></ruby>

在江戶時代的日本，在路邊攤飲食的習慣深植於市井小民的生活之中。由於江戶地區迅速發展，有許多從外地聚集到江戶的人來找土木建設相關的工作。單身男性的人口變多，隨後發展出許多外食產業，像是販賣壽司、蕎麥麵、天婦羅等各種食物的路邊攤，讓這些人下工後能飽餐一頓。因此，在路邊攤飲食的多數為男性，但戰後因為不衛生的理由使得不再發放路邊攤許可，轉為改向在內店中設置吧台，形成現代立食的壽司店。

谷中 <ruby>谷中<rt>やなか</rt></ruby>

壽司餐廳的行話（p.168），意思是薑。因為江戶時代台東區的谷中是薑的產地，而有這個說法。

山牛蒡 <ruby>山<rt>やま</rt></ruby>ゴボウ

菊科薊類植物的根部。用來做壽司的通常是用味噌醃過。可以當作配料包進太卷裡，也可以用山牛蒡、白芝麻和紫蘇做成細捲當作下酒菜。我小時候不太敢吃，但吃久了之後會覺得氣味沒那麼嗆，等到會喝酒之後竟然愛上了這一味。

柚子 <ruby>柚子<rt>ゆず</rt></ruby>

柚子可以用來作為握壽司的佐料，將皮磨細之後用毛刷（p.160）撥到魚料上，或是用磨泥板磨皮後撒到醋飯上，讓醋飯沾上柚子皮再捏製。此外，高知縣的田舍壽司在製作醋飯時會用柚子果汁來代替醋。

相關詞 醋橘（p.125）

柚子胡椒 <ruby>柚子胡椒<rt>ゆずこしょう</rt></ruby>

將辣椒、柚子果皮、鹽一起磨碎之後,熟成製作的調味料。在日本,以大分為主,其他還有高知、德島等柚子產地都有生產製造。可以使用青辣椒或紅辣椒,柚子也可使用綠皮或黃皮。最常見到的是青辣椒和青皮柚子製作出的綠色產品,其他也有用青辣椒、黃皮柚子製作出的黃色產品,以及紅辣椒和黃皮柚子的橙色產品。在產地的吃法是搭配火鍋或是生魚片,當作佐料,但其實跟很多食材都好搭,可以讓油膩的食物吃起來變得爽口,因此無論是燒肉、烤魚、義大利麵,各種搭配方法都適合。至於壽司魚料,則適合搭配秋刀魚、梭魚、紅魽、鮭魚這類油脂多的白肉魚,還有青皮魚及炙燒過的魚料,有時候也可以沾一點在握壽司上一起吃。另外,也可以當作豆皮壽司的佐料。

柚子鹽 <ruby>ゆず塩<rt>しお</rt></ruby>

將柚子果皮黃色部分乾燥後製成粉末,混入食鹽的調味料。通常會撒一點在握壽司上,搭配白肉魚、蝦、花枝、鮭魚卵都很美味。

磨粉後乾燥的柚子

鹽

茶杯 <ruby>湯呑み<rt>ゆのみ</rt></ruby>

壽司餐廳使用的茶杯通常會做得容量比較大,而且質地較厚。這是因為過去壽司師傅只有一個人要打理整個攤子,沒時間為顧客添茶。另外,壽司餐廳的茶傳統上使用的是粉茶,粉茶沖泡時需要加入熱水,質地太薄的茶杯就沒辦法保持溫度。

一人全部包辦!

淋熱水 <ruby>湯引き<rt>ゆび</rt></ruby>

用熱水只淋魚皮的部分,讓魚皮變得容易入口的技巧,屬於皮霜(p.78)的一種。做法是將整塊魚的魚皮朝上,放在篩籃裡,在魚肉上蓋一塊漂白棉布。接著從上方淋熱水,然後立刻將魚肉泡進冰水裡,以免連魚肉都受熱。如果是要劃上裝飾切痕的花枝,則在淋熱水之前也要先將花枝泡在冰水裡,可以避免過度受熱。有時候為了去腥味,也會在熱水裡加入日本酒。

養殖鮪魚 <ruby>養殖まぐろ<rt>ようしょく</rt></ruby>

由於養殖需要花費成本，通常鎖定養殖的對象是售價較高的黑鮪魚、南方鮪魚等種類。黑鮪魚的主要產地有：日本、西班牙、馬爾他、克羅埃西亞、土耳其、突尼西亞等地中海、墨西哥灣；南方鮪魚則以澳洲為主要產地。理想的鮪魚養殖環境要有較高的海水溫度（水溫 10 度 C 以上）、水深 30～50m，與大型河川出海口有一段距離的地點。就日本國內來說，長崎縣、鹿兒島縣、和歌山縣、三重縣、高知縣、愛媛縣、大分縣等地都是主要產地。商業用的鮪魚養殖起於七零年代，最初是在加拿大。接著到了八零年代地中海地區也陸續開發。當時的方式叫做畜養，以定置網捕撈在地中海產卵後回到大西洋的黑鮪魚，在魚籠裡養殖到肥大。到九零年代中期，以撒網來撈捕讓效率有大幅度提升。在海外，以成魚的短期畜養為主流，在日本也有京都府伊根、島根縣隱岐採取這種方式。不過日本主要使用的還是以拖繩釣獲 500g 以下的黑鮪幼魚畜養三到四年這種方式。外國其他國家同樣從幼魚進行養殖的則有克羅埃西亞。在口味方面，養殖成魚會比從幼魚開始養殖更接近野生的味道。畜養的方式因為是捕捉野生成魚或幼魚，不免令人擔憂對自然環境造成影響，但 2002 年近畿大學水產研究所（p.85）開發出從魚卵培養的完全養殖技術。日本國內的養殖鮪魚是以生鮮的方式流通，各個產地的養殖業者或魚協運送給簽約的水產商，有一部分則

在魚市場的生鮮鮪魚競價區和野生鮪魚陳列在一起。至於海外的養殖鮭魚則以貨櫃運送。來自地中海的是冷凍方式，來自墨西哥則是生鮮與冷凍都有，澳洲則主要為冷凍，但仍有一部分生鮮進口。養殖鮪魚需要食用大量的青花魚、沙丁魚和人工飼料。但沒吃完又會浪費成本以及對環境造成影響，在養殖過程中必須每天由潛水員觀察，並回收剩餘的食物。

橫返 <ruby>橫返し<rt>よこがえ</rt></ruby>

握壽司捏製方法之一，是小手返（p.90）的別名。

燉飯 リゾット

用醋飯來做燉飯也很好吃。加入貝類高湯或潮汁（粗汁 p.44）燉煮醋飯，再加入海膽、貝類，最後添加鮮奶油、蛋、起司即完成。有些店家還會加上用鮑魚肝熬煮的醬汁。

Little Miss Bento
リトル・ミス・ベントー

作者本名為 Shirley Wong，是個很喜歡日本事物的新加坡人。她是首位獲得 JSIA 壽司講師協會認證的新加坡人，透過部落格、Facebook 等網路媒體介紹裝飾壽司卷以及造型壽司的做法。並以「Kawaii Sushi」之名來介紹日本以超人氣造型為藍本製作的另類壽司。

Kawaii Deco Sushi by Little Miss Bento, Shirley Wong, is published by Marshall Cavendish

冷凍 <ruby>冷凍<rt>れいとう</rt></ruby>

幾乎所有的壽司魚料都是以冷凍的方式流通。鮪魚、鮭魚、干貝、花枝、青鮒幼魚、蝦、貝、鮪魚泥、鮭魚卵、海膽、蝦蛄、漬青花魚、煎蛋卷（玉子燒）、薑片等，一般的魚料可以一次全部以冷凍來準備齊全。以蝦來說，燙熟的熟蝦自然不用說，即使甜蝦這種生食的種類也可以剝殼後整包包裝。其他像是昆布漬金目鯛，也有切片（p.84）之後放在昆布上裝成一包。由於可以在產季時大量製作，價格也不會受到天候影響。不但售價穩定，還能比生鮮更便宜取得，加上又能購買少量，不容易有耗損的話就能壓低食材成本。

冷凍鮪魚 <ruby>冷凍<rt>れいとう</rt></ruby>まぐろ

講到鮪魚，經常有人說「近海的生鮮好」，反過來的就是「遠洋的冷凍品」。不過，其實冷凍鮪魚只要流通期間有適當保存，之後適當解凍（p.71），吃起來一樣很美味。甚至在某些條件下，比起近海生鮮鮪魚毫不遜色。冷凍鮪魚包括野生與養殖。捕到鮪魚之後為了不讓魚在船上劇烈掙扎而受傷，必須用鉤子或刀具截斷延髓，去除魚鰓放血，清除內臟，用水清洗、秤重，然後放入零下五十到六十度 C 的超低溫冷凍庫。這一連串作業愈快進行，就愈能確保在不影響品質下冷凍。以日本籍船上的漁夫來說，這些作業大約能在十分鐘內完成。冷凍時，要盡快度過零到負五度這個區間，因為細胞內的水會結冰，且結晶變大。儘速讓溫度降到這個區間之下，就能將細胞破壞的程度降到最低。在冷凍庫裡一開始要先讓頭部接觸冷

風，因此花點工夫讓鮪魚從外側或內部同時降溫。現在冷凍鮪魚的種類以大目鮪為主。有些鮪魚雖然會在魚市場中競標，但多半還是由專贏鮪魚的業者和各艘漁船接洽價格，或是用投標的方式購買，然後直接轉手給中盤商或零售商。如果採競標的話，會將鮪魚尾巴切下，以流水解凍。中盤商判斷鮪魚狀況後列出排名，用紅色色素從 1 開始依序標示，等待競價結果。得標的鮪魚會用堆高機或小車子運送給中盤商，再用電鋸分切之後販賣。

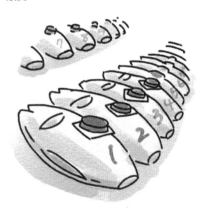

蠟袋 <ruby>蠟<rt>ろう</rt>引き</ruby>

表面用蠟加工過，具耐水性的褐色袋子。外表有刺的魚類或蝦很容易刺破一般塑膠袋，但使用這種上過蠟的袋子就不容易破，魚市場裡經常能看到用這種蠟袋裝魚。雖然近年來愈來愈多質地厚的強韌塑膠袋有取而代之的態勢，但蠟袋至今仍未遭淘汰。

小弟 若い衆

在壽司餐廳裡中階以下的員工。或是指在魚市場工作的人。如果是在魚市場工作，無論實際年紀大小一律都稱小弟。

海帶芽 わかめ

六月左右以孢子體誕生的海帶芽，經過約一年的成熟之後，又會釋出孢子。食用的話挑嫩的比較好吃，因此從三月也開始採收。海帶芽的產季就在三到五月左右。由於一般屬於加工保存產品，全年都吃得到，很多人不知道其實也有產季，要吃到新鮮海帶芽也只有這段時期。唯有當季的新鮮海帶芽可以成為主角，做成下酒菜。汆燙一下拌梻醋或是加少許醬油、鹽一起吃，在海水香氣瀰漫之中暢飲一杯。

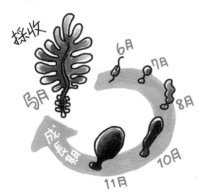

海帶芽卷壽司 わかめ巻き寿司

和歌山縣的鄉土料理。用加工成片狀的海帶芽來代替海苔，包進當地特產作為配料做成海苔卷。此外，片狀海帶芽在島根縣等山陰地區也有生產製造，這個地方也會用片狀海帶芽來做海苔卷或飯糰。

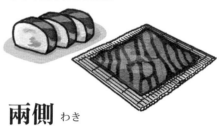

兩側 わき

握壽司的外型要看起來美，有個重點就是要有「側邊」。在捏製時特別留意讓魚料緊貼著醋飯的側面，也就是「收緊兩側」。兩側有沒有收緊，在視覺上可說天差地遠。據說，在壽司師傅養成學校裡練習捏製握壽司時，老師會提醒學員「把兩側收緊」時，很多學生是自己將腋下夾緊。

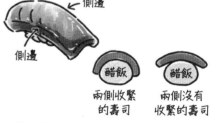

和牛 和牛

肉類一般和山葵、醬油、壽司飯搭配起來口味不錯，因此以販賣肉類為主的餐廳裡也會提供肉類壽司。其中又以使用半烤和牛製作的肉壽司，因為油花令人聯想到鮪魚腹肉，加上適合搭配日本酒或葡萄酒而大受歡迎。也有餐廳使用半烤雞肉或生馬肉片來製作肉壽司。

山葵 山葵（生ワサビ）

英 Wasabi、Japanese horseradish
曆 11～2月

原產於日本的十字花科多年生植物。一般主要食用地下莖，但地上部分也可以經過醬油醃漬、山葵醃漬後食用。開花後帶著花的葉片稱為山葵花，在每年三到四月能在市面上看到，屬於當季蔬菜。地上部在冬天停止成長的品種，口味會比夏天來得辛辣，這時候就是根部比較好吃。由於山葵在往上生長時外側的葉片會一邊掉落，所以遠離莖的部分比較老，靠近莖（根部）的部分比較新。至於表面凹凸不平的地方就是葉片掉落的痕跡。雖然在成分上幾乎相同，但口感上靠近根部會比較滑順，香氣也明顯一些。保存時用沾溼的報紙或廚房紙巾把莖部捲起來，再用保鮮膜包好放進冰箱。如果想要長期保存，可以拿一只開口較細的茶杯裝水，將山葵立起來讓莖部完全浸在水中，一起放進冰箱保存並每天換水，這樣就能保存好幾個星期。為此，建議如果會在短期內用完的話，就從根部開始磨泥，但想要保存久一點就從前端磨泥。磨泥時先將山葵表面薄薄去掉一層外皮，然後使用磨泥板（p.66）或鯊魚皮磨板（p.103），拿著山葵保持和磨板垂直的角度，以劃圓的方式磨泥。由於一磨成泥香氣和辣味就會隨著時間消散，記得每次只要磨需要的份量。據說最先把山葵泥用在握壽司上的就是華屋與兵衛（p.162）

回收商 わたや

壽司餐廳製造出的魚骨（p.44）會和其他垃圾區別，由委託專門回收魚骨的回收商來處理。晚上回收之後，這些魚骨就會運到再製工廠，加工成稱為「fish meal」的魚粉和魚油，或是其他畜產飼料、魚飼料、寵物食品、乳瑪琳原料以及肥皂等。魚骨不僅來自壽司餐廳，其他像是魚市場的中盤商、百貨公司、超市等製造出的魚骨也是由相同的回收商回收處理。

回收之後再利用！

稀釋醋 割り酢

指用來做醋漬的醋。如果用 100% 的米醋來醃漬，會只讓魚肉表面變質，醋卻無法滲透，所以要使用降低酸度的醋。先以醋：冰 ＝ 10：3 的比例在醋裡加入冰，等到冰幾乎融化後再加入 3 的水，放進冰箱冰透後使用。因為醋的溫度一高，魚皮就會溶解。另外，要做醋漬也可以使用醋蛋黃（醋蛋鬆 p.83）。

參考文獻（*為台灣有出版的書籍）

《現代壽司學》（大川智彥著／旭屋出版）

《東大講座 壽司魚料的自然史》（大場秀章. 望月賢二. 坂本一男. 武田正倫. 佐佐木猛智著／日本放送出版協會）

《壽司之書》（篠田統著／岩波書店）

《壽司通》（永瀨牙之輔著／土曜社）

《壽司的技術大全》（目黑信秀著／誠文堂新光社）

《沒有人解說過的壽司世界》（日比野光敏著／旭屋出版）

《壽司圖鑑》（藤原昌高著／Mynavi出版）

《壽司手帳》（坂本一男監修／東京書籍）

*《築地通的壽司全知識：一眼看懂江戶前壽司的旬、味與產地》（福地享子著／麥浩斯）

《壽司雜誌 第17期》（旭屋出版）

《壽司之心》（枻出版社）

《pen 2019年1月1. 15日新年合併號》（CCC Media House）

《發酵的力量》（小泉武夫著／日本放送出版協會）

《近世風俗志(守貞謾稿)〈5〉》（喜田川守貞著／岩波書店）

《新鮮!壽司書》（博學講究俱樂部編／河出書房新刊）

《想要旅行!美味浮世繪》（林綾野著／NHK出版）

《Mizukan壽司讀本》（株式會社Mizkan）

《文學與壽司》（大柴晏清著／榮光出版社）

《築地的記憶》（富岡一成文、齊藤貞親攝影／旬報社）

《築地魚河岸用語集》（生田與克. 富岡一成著／大修館書店）

《銀座的壽司》（山田五郎著／文藝春秋）

*《壽司物語：內行人才知道的壽司美味與文化》（宮尾重男著／時報出版）

《綜觀大江戶排行榜》（小林信也監修／學研PLUS）

《從食醋製造技術看百年進程》（山田巳喜男著／日本釀造協會誌第101卷第9號）

「The IUCN Red List of Threatened Species. Version 2019-1」http://www.iucnredlist.org

「環境省紅皮書2019」http://www.env.go.jp/press/files/jp/110615.pdf

「海洋生物紅皮書2017」http://www.env.go.jp/press/files/105233.pdf

「近畿大學水產研究所」http://www.flku.jp/aquaculture/tuna/index/html

後記

首先，感謝各位讀者在眾多壽司相關的書籍中選擇閱讀本書。

大家是不是都邊讀著書，邊在腦中想著美味的壽司呢？

我自從在東京壽司學院學習製作握壽司，每到週末就會去逛築地市場，買了海鮮找一群朋友在家裡開壽司派對。

即使沒找朋友的週末，如果是新子的季節就會一古腦兒練習捏新子握壽司，或者挑戰一些從來沒買過的魚，不然就是在市場裡到處逛，觀察各種魚的行情與產季。

我從小就非常喜歡吃壽司，卻因為這樣的機緣，讓我從原本的陌生突然進入了深不可測的壽司世界。

在撰寫這本書的期間，我體會到最初為了讓好吃的魚延長食用期間，或是更快吃到，吃得更方便，我們那些追求美食的老祖宗花了各式各樣的心思，創造出壽司這種食物。想到這裡，再次發自內心感謝日本人對飲食所投注的精力。

同時，寫作時也確認到各種海產資源狀況改變，這個令人哀傷的事實。

我希望未來的人們也能享用到這種美味的食物，希望能將資源留給後世，決定將本著作的部分稿費捐贈給 WWF（World Widelife Found for Nature，世界自然基金會）。

願今後眾人仍能享用到壽司這種美好的食物。

多虧有 Kelly、根岸讓我順利出版本書，還有接下監修的藤原昌高先生、繪製匠心獨具插圖的秦老師，以及不厭其煩回答我諸多問題的西田老師。

雖然我開出很多空頭支票，但仍衷心感謝各位一路支持我，直到最後。

此外，也要謝謝家人，讓我懂得飲食的樂趣，當然還有一起愉快吃喝的所有好朋友。

2019 年 7 月

新庄綾子

圖解壽司辭典

すし語辞典：寿司にまつわる言葉をイラストと豆知識でシャリッと読み解く

作　　　者	新庄綾子	
監　　　修	藤原昌高	
插　　　畫	秦京子（Evening Calm Factory）	
攝　　　影	青柳敏史	
譯　　　者	葉韋利	
特 約 編 輯	李韻柔	
封 面 設 計	許紘維	
內 頁 排 版	簡至成	
行 銷 統 籌	駱漢琦	
行 銷 企 劃	林瑀、陳慧敏	
業 務 發 行	邱紹溢	
營 運 顧 問	郭其彬	
責 任 編 輯	賴靜儀	
總 編 輯	李亞南	
出　　　版	漫遊者文化事業股份有限公司	
地　　　址	台北市松山區復興北路331號4樓	
電　　　話	(02) 2715-2022	
傳　　　真	(02) 2715-2021	
服 務 信 箱	service@azothbooks.com	
臉　　　書	www.facebook.com/azothbooks.read	
營 運 統 籌	大雁文化事業股份有限公司	
地　　　址	台北市松山區復興北路333號11樓之4	
劃 撥 帳 號	50022001	
戶　　　名	漫遊者文化事業股份有限公司	

初 版 1 刷　2020年12月
初 版 5 刷　2022年06月
定　　價　台幣360元

ISBN　978-986-489-416-1
版權所有・翻印必究（Printed in Taiwan）
本書如有缺頁、破損、裝訂錯誤，請寄回本公司更換。

SUSHIGO JITEN written Ayako Shinjo, supervised by
Masataka Fujiwara
Copyright © 2019 Ayako Shinjo
All rights reserved.
Original Japanese edition published by Seibundo Shinkosha
Publishing Co., Ltd.
This Traditional Chinese language edition is published by
arrangement with
Seibundo Shinkosha Publishing Co., Ltd., Tokyo in care of
Tuttle-Mori Agency, Inc., Tokyo
through Future View Technology Ltd., Taipei.

國家圖書館出版品預行編目 (CIP) 資料

圖解壽司辭典 / 新庄綾子著；葉韋利譯. -- 初版. -- 臺北
市：漫遊者文化事業股份有限公司, 2020.12
200 面；14.8×21 公分
譯自：すし語辞典：寿司にまつわる言葉をイラストと
豆知識でシャリッと読み解く
ISBN 978-986-489-416-1(平裝)

1. 飲食風俗 2. 食譜 3. 日本

538.7831　　　　　　　　　　　　　　109019460

https://www.azothbooks.com/
漫遊，一種新的路上觀察學

漫遊者文化 AzothBooks

https://ontheroad.today/about
大人的素養課，通往自由學習之路

遍路文化・線上課程